U0899441

苏会君 著

# 风花雪月入情来

作家出版社

作者 · 2010年 · 沈阳

# 作者简介

苏会君，辽宁法库县人，1941年农历7月12日出生在一个农民家庭。

1964年毕业于沈阳农学院，留校执教近二十年。1977年加入中国共产党。

1987年调入辽宁省人民政府，先后在省计划经济委员会、工业生产委员会、省经济贸易委员会任轻工处、工业生产处、质量处处长，兼辽宁省质量协会秘书长。

1993年初，创办东北认证有限公司，任总经理，董事长至今。高级经济师。

2010年本人获中国品牌建设十大杰出企业家荣誉，并在北京人民大会堂领取荣誉证书。

在大学学习期间，作者阅读了大量的生物科学书籍，如达尔文的《物种起源》，拉马克的《进化论》、奥巴林院士的《地球上生命的起源》等动植物生理生化书籍，培养了浓厚的兴趣，为科学认识自然界打开了一个广阔的窗口。因此，在作者诗作中，能感受到大自然孕育了美丽动人的诗篇，需要我们去寻找和发现；也能感受到每首诗中都或明或暗地闪烁着某些哲理的光亮，诗中作者努力把自然的美、哲学的美有机地融合在人性、人情的美感之中。

科学性、哲理性在一定程度上为其每一首诗增加了感染力和穿透力。

作者祖母（时年75岁）1956年去世，享年87岁

作者（时年4岁）与母亲、姐姐

作者父亲、母亲　1975年

作者及妻子孙丽娜　2011年　云南大理

作者及妻子与长子、次子、女儿、孙女·2006年·美国·参加次子博士毕业典礼

# 青春不老踏歌行

——苏会君诗集序

叶延滨

由诗牵线，认识了苏会君先生。苏先生慈眉善目，让人一见就如似曾相识的故人。苏先生的经历里有一代中国知识分子的共同轨迹：大学毕业，留校执教；提干入党调进省政府，先后任轻工处、工业生产处、质量处处长，兼辽宁省质量协会秘书长；下海创办东北认证有限公司……上世纪五十年代上学，六十年代毕业，七十年代教书，八十年代做官，九十年代下海，他和他们这一代知识分子，把自己的事业和个人履历与共和国的前进轨迹叠印在一起。苏先生是做“认证”工作的，也是做“诚信”事业的一个可敬可信的长者。按照常人的眼光，苏会君先生是个“成功人士”，妻子是大学同学，几十年相携相伴，两个儿子都是博士，妻贤子孝，个个事业有成。与苏会君相处时间虽短，但我感到更让人羡慕的是，全家人都是他这个诗人的粉丝，妻子说到他的诗谱成的歌曲，眼睛里流露出自豪的神采；儿子说到自己的父亲，好像在课堂上讲一个天才的作家。这是诗歌的魅力，也是诗歌的骄傲。苏先生虽已年逾七旬，但诗歌让他充满青春般的活力，诗歌让他的精神生活充实而丰富，诗歌让他沉浸在亲情与友情中。青春不老踏歌行。

苏先生写诗多年，虽在报刊发表的不多，但苏先生的诗歌被谱曲传唱的不少，是个被音乐插上翅膀的诗人。他的《月光下的毡房》有浓郁蒙古风情："十五的月亮神秘着天堂／热辣辣的目光聚焦在毡房／《敖包相会》等来了对唱／情窦初开不觉心花怒放……"这首歌由蒙古族的著名歌唱家乌兰托娅演唱后，风靡全国，如今在傍晚那些广场舞蹈者们聚会起舞的地方，还常常会听到这首歌。苏先生身上流着汉、蒙、满的血液，大概这也使他诗性人生中有更多的音乐旋律。苏先生用手机让我听了二炮文工团的歌手最近演唱的他的诗歌《远山的呼唤》："远山，起伏绵延／在海的那边／看去很远很远／你却从未离开过母亲的视线／／远山，起伏绵延／在海的那边／母亲甘甜的乳汁／把我们兄弟姐妹血脉相连／／远山，起伏绵延／在海的那边／波涛衔着浪花／传递多少彼此的牵挂思念／／远山，起伏绵延／母亲眼里的一道风景线／你我团聚的日子为期不远／心中的彩虹早已横贯两岸”。通过深切企盼的歌声，我感受到一种更加融入血脉的亲情。这首诗表现的是两岸统一的重大题材，情浓于水的亲情会唤起每个中国人内心最能相通的共鸣。就诗歌创作而言，苏先生是一个业余写作的诗人，但苏先生努力让音乐为他的诗歌插上翅膀。他成功了，这种努力也引起我的思考。诗与歌，自诞生就共处同行，朱光潜先生说：“在历史上诗与乐有很久的渊源，在起源时它们与舞蹈原来是三位一体的混合艺术……文化渐进，三种艺术分立，音乐专取声音为媒介，趋重和谐；舞蹈专取肢体形式为媒介，趋重姿态；诗歌专取语言为媒介，趋重意义……它们的关系常是藕断丝连的，诗与乐的关系尤其密切，诗常可歌，歌常伴乐。”事实也是如此，诗常常借重音乐插上翅膀飞向更多的心灵，音乐与诗的联姻，让诗有了更广大的受众群体。这些年，诗歌与广大读者之间出现了一些问题，其中一个原因，就是某些诗人不注意诗歌的音乐性，不仅难以谱曲歌唱，读起来也艰涩拗口。在这点上，我以为苏先生的创作努力是值得肯定的，诗歌如果完全与音乐绝缘，前景一定黯淡。

苏先生的诗作多源自所见所思所感，这些看起来明白如话的短诗，能为作曲家所看中，能让歌手传唱于市井，其中必有苏先生诗歌的魅力。苏先生从小热爱文学，深受传统文化的熏陶，青年时代在农业大学学习，又让他对大自然有特殊的情感。他说："诗为情而作，情因景而生，即所谓见景生情，情景交融……大自然孕育着风花雪月的同时，也孕育着千般画意，万种诗情。一旦为人们感知、捕捉之时，即会发现大自然中的纯情与壮美，流淌出来，就是一首歌，并闪烁着哲理的光辉。因此，写风花雪月，不是闲人无病呻吟，而是人与自然的情感交融，是美的发现、发掘和深加工的过程，更是唤起人们对大自然的无限热爱与崇尚情怀的过程。即把风花雪月写得入情入理，情理交融之处，才能引起读者的震撼和共鸣，只有这时你才可以说写了，或者说发现了一首好诗。”情感、自然、哲思，构成了诗人苏会君作品的底色三元素。他写的《风雨桥》，就是一首感情、景境和哲思交融的佳作：“月亮悄悄地爬上了山梁／河面上倒映着吊脚楼的灯光／晚风轻拂 山花飘香／几处芦笙在远近悠扬／美丽的夜色／神秘的苗乡／阿哥阿妹／相恋在风雨桥上／／最美的鲜花要顶着露珠绽放／人生最甜蜜的是那初恋的时光／少男少女的激情／点燃了青春的渴望／两颗心柔情似水／缠绵在风雨桥上／狂风吹不散绵绵的情意／暴雨只能带走淡淡的忧伤／纯洁和忠诚筑就的七彩长虹／心中的风雨桥地久天长……”诗人写下不少这样的游历诗作，大自然的美景，动人的情感，还有“风雨”在人生里的寓意，得到熨帖而晓畅的表达。诗人笔下这样的佳作不少，其中一首短诗《一只彩蝶孤单单飞》引起我的兴趣，诗中写道：“夏日的花园里／阳光好明媚／蔷薇、月季、波斯菊／开得五颜六色 芬芳艳丽／／一只美丽的花蝴蝶／孤单单地飞来又飞去／不尝花不采蜜也不歇息／看样子好像很忧郁／／彩蝶啊彩蝶我想问问你／亲密的伙伴去了哪里／是雾中失散了／还是永久地分手别离／／鸳鸯双栖蝶双飞／快乐藏在一个“双”字里／两心相依 流淌出柔情蜜意／形影相随 共铸成不弃不离／／啊，一只彩蝶孤单单飞／伤心的话儿述与谁／花路苍茫 今日天涯孤旅／夜来风雨何人生死相依？”这首诗令我想起了胡适先生那首著名的开辟中国新诗史的《蝴蝶》：“两只黄蝴蝶，双双飞上天。／不知为什么，一只忽飞还。／剩下那一个，孤单怪可怜；／也无心上天，天上太孤单。”苏先生的彩蝶与胡适先生的黄蝶，相隔百年，若苏先生读过胡适的《蝴蝶》，这是百年之间的唱和；若苏先生没有读过，那是百年之间的心灵感应。我常说，诗歌是心灵间的桥梁，在这里我又找到一个例子，谢谢苏先生了。

苏会君的诗，能打动人，除了传统诗学的功力外，很重要的还得益于他诗歌中的人文精神，他写诗，是一种自我充实的方式，也是一种修身之道。爱情、亲情、友情、人情，充满了一行行诗句，情深意浓，让读者感到温暖，也让诗人找到知音。血脉亲情是他笔下重要的题材。写给妻子的《让我为你唱首歌》是较长的一首爱情诗，读者能从中读到绵延五十年的爱情长路，一路上阳光风雨。《唱给祖母的歌》是一组十二首短诗组成的作品，这组诗在叙事性细节里，为读者展示了祖母高洁的品格和不凡的经历。在写亲情的诗作中，写父亲的诗作《父亲的脸上有一条河》意象生动，意境深远，给我留下鲜明的印象："父亲的脸上有一条河／深深浅浅／曲曲折折／人生的沟沟坎坎／纵横交错／汗水冲刷／风霜雕刻／刻下了一辈子的苦与累／收藏着心中的喜怒哀乐／啊，那是一首无言的歌／／父亲的脸上有一条河／深深浅浅／曲曲折折／人生的沟沟坎坎／纵横交错／汗水冲刷／风霜雕刻／昔日的河水早已干涸／流进了儿女的心田／温暖着我们的生活"。这首诗也是一首好歌词，我想，写母亲的歌不少，如果这首诗有好的作曲家和优秀的歌手与诗人合作，一定是一首传唱天下匡正人心的好作品。苏会君的诗作，多是抒情短诗，偶有叙事诗作，也显出诗人另一种功力，《青杏儿》就是这样一首有特色的诗作："那一年我离开家乡／进城去打工／惊动了邻居姑娘／一个美丽的梦／／临行前／她陪我走了一程又一程／分手时／她送我一枚青杏儿／相对默默无语／一直看着我的／是那双泪汪汪的眼睛／／啊，青杏儿，青杏儿／你满含深情／从花季中走来／可离成熟的甜蜜／还有一段很长的路程／／几年后，我回到家乡／邻居家的院子已人去屋空／我坐在墙头上／望着那棵大杏树／枝叶茂盛／正是杏熟的季节／风吹过来／几颗红杏在绿叶中掩映／／我想摘下一枚／尝尝成熟的甜蜜／可那青杏儿的酸涩／仍留在我心中／／啊，青杏儿，青杏儿／苦涩的爱情／你让我走过了／人生一个真正的梦……”在这首小诗里，叙事与抒情结合，象征与写实结合，像一个没有结尾的小说，又像一幅留下大片飞白的水墨，尽管还比较浅直，足以显示诗人多方面的才华。

读完苏会君的诗集，感受到诗人面对世界充沛的激情，对于生活满腔的热爱，亲近诗歌不倦的追求，正如诗人在诗中写道：“请你告诉我／夕阳为什么／那么魅力无穷／啊，那是因为／它凝聚了一生的感情／纵然是一层层的酸甜苦辣／可都有真爱的圣水浇灌其中／

虽然说花季有长有短／终究是五颜六色／异彩纷呈／尽管它转瞬就会消失／可那人生的品味／将永留我们心中”。读懂了这首诗，我想我们也走近了诗人苏会君。

青春不老踏歌行，祝福诗人，也感谢诗人，苏会君这个业余写作的诗人，如此真诚地用心血写下的诗篇，使人生更加充实而丰富！

是为序。

2013年秋于北京

**注：**叶延滨　诗人、教授
中国作家协会全国委员会委员
中国作家协会诗歌委员会副主任
中国诗歌学会副会长
原《诗刊》主编

# 关于诗

诗为情而作，情因景而生，即所谓见景生情，情景交融。然而，绝非有情就能成诗，而成诗必须要有情；也绝非见景即能生情，而生情必须要见景。

大自然孕育着风花雪月的同时，也孕育着千般画意，万种诗情。一旦为人们感知、捕捉之时，即会发现大自然中的纯情与壮美，流淌出来，就是一首歌，并闪烁着哲理的光辉。因此，写风花雪月，不是闲人无病呻吟，而是人与自然的情感交融，是美的发现、发掘和深加工的过程，更是唤起人们对大自然的无限热爱与崇尚情怀的过程。即把风花雪月写得入情入理，情理交融之处，才能引起读者的震撼和共鸣，只有这时你才可以说写了，或者说发现了一首好诗。

2012.8　作　者

# 目 录

**附　录：**近两年来，作者的十几首诗先后经何启安、富大华、孙思源三位作曲家谱曲，作为原创歌曲，由乌兰托娅、周强、程予思、郑允武、郭娅丽等歌唱家演唱，并在中央电视台音乐频道及中国原创音乐基地网上播出。

# 阿哥，请你踏雪来

一场大雪把山川、田野覆盖，
天上洒下诗情画意来。
阿哥快快来踏雪，
分享冬天里的情和爱！

妹妹我的情感世界里，
也像无边的雪地美丽洁白。
阿哥请你踏雪来，
踏出春的向往和期待！

咯吱吱呀——咯吱吱呀——
天韵地韵和着心的节拍。
一串串脚印盛满你的深情，
每走一步都唱着我对你的爱……

# 风雨情朦胧

那一天，
在风雨中，
你撑开的小花伞，
撑起了一片绚丽的天空。
笼住了你，
也笼住了我，
笼住了我们
同一个温馨的梦……

彼此的距离，
第一次靠得这么近；
相视的目光，
流淌着似水的柔情；
任脚下道路泥泞，
我们走得也慢也轻。
为的是这样

一直走下去，
别走出这迷人的梦境。

一把小花伞，
撑开了一片天空。
花伞下面，
我们的梦，
朦胧在风雨途中。
但求天晴情未了，
只缘同行还一程……

# 柳絮杨花

柳絮杨花，
世上一种会飞的花，
开在春天的阳光里，
飘飘洒洒 浪迹天涯。
你的身姿比雪花轻盈，
你的舞步比流萤潇洒；

柳絮杨花，
世上一种最朴实的花，
花谱中没有你的名分，
诗词歌赋里无人描画。
你无意争芳斗艳，
却在心中装满日月光华；

柳絮杨花，
生命力多么强大，

风儿鼓动你的诗情，
伴你一起漂泊四方；
小草赞美你的画意，
邀你在它身边落户安家。

柳絮杨花，
世人歌唱你呀，
在漂泊中寻找生机；
孕希望在大地上萌发，
你的儿女遍布天涯海角，
杨柳青青，撑起半个天下！

# 青杏儿

那一年我离开家乡，
进城去打工。
惊动了邻居姑娘，
一个美丽的梦。

临行前，
她陪我走了一程又一程；
分手时，
她送我一枚青杏儿。
相对默默无语，
一直看着我的，
是那双泪汪汪的眼睛。



啊，青杏儿！青杏儿！
你满含深情
从花季中走来，
可离成熟的甜蜜，

还有一段很长的路程……

几年后，我回到家乡，
邻居家的院子已人去屋空。
我坐在墙头上，
望着那棵大杏树，
枝叶茂盛；
正是杏熟的季节，
风吹过来，
几颗红杏在绿叶中掩映……

我想摘下一枚，
尝尝成熟的甜蜜；
可那青杏儿的酸涩，
仍留在我心中！

啊，青杏儿！青杏儿！
苦涩的爱情……
你让我走过了
人生一个真正的梦……

# 草原上的野玫瑰

辽阔的草原上，
生长着一片野玫瑰，
年年岁岁，
鲜花盛开在春天里。
天空飞落了几朵云霞，
低吻着这片土地；
仙女织出了一幅彩锦，
轻轻地起伏飘逸。
草原的风啊，
吹不走你的芬芳；
草原的雨啊，
洗不去你的艳丽……

相传在很久很久以前，
这里住着一位牧羊女。
王爷逼婚的那天晚上，

她自刎在山坡下的草塘里。
鲜血浸透了这块土地，
春来冬去，一片玫瑰花在这里长起。
野玫瑰啊！野玫瑰！
千里万里来看你，
你是天生的一支歌儿，
传递着草原的美丽和神奇；
你是一支永恒的歌儿，
把吉祥和甜蜜唱进牧民的心里……

# 我的故乡在北方

我的故乡在北方，
一条大河在山谷中流淌，
春天来了，映山红花开满山岗；
秋天到了，漫山遍野大豆高粱；
寒冬里，雪花纷纷扬扬，
大地一片素裹银妆……
啊，可爱的故乡，
美丽的地方！

我的故乡在北方，
一条大河在山谷中流淌，
白桦树下，大青石上，
一群姑娘在洗衣裳。
欢歌笑语一串串，
丰满的胸脯，起伏动荡……
啊，可爱的故乡，

迷人的姑娘！

我的故乡在北方，
一条大河在山谷中流淌，
我愿变成一条小鱼，逆流而上，
戏游在姑娘的身旁；
我愿变成一棵小树，
在她们身边把青枝绿叶生长……
啊，可爱的故乡，
永远是我魂牵梦绕的地方！

# 月满南窗

——一个打工仔的情歌

月满南窗的时候，
窗前洒下了
一片皎白的月光。
打开心中的键盘，
把情歌点击在月亮之上。

多少次月满南窗，
怎能不想起心爱的姑娘。
往日的温柔把梦烧烫，
醒来时身边，
依然是那清凉的月光。

啊，月满南窗，

情满南窗，
心中的眷恋
潮起潮落，
涨满在离家路上……

# 鸟　巢

鸟巢，
大自然一个美丽的符号。
千百万年岁月的沧桑，
你依然不变的，
是那古老的面貌。

还是那种建筑风格，
坐落在高高的树梢；
还是那些建筑材料，
一段一段树枝，
一棵一棵草根、羽毛。

与生俱来的建筑师，
把枝条交叉得平稳坚牢。
千百次飞来飞去，
为营造这个家园，

承载一家老小。

风吹不动，
雨冲不掉，
当孵出一窝小鸟，
羽毛丰满了的时候，
展翅高飞，
投入大自然的怀抱。

啊，鸟巢，鸟巢，
你是人与自然，
和谐相处的象征。
当鸟类家族，
更加兴旺的那天，
人类的生活，
将变得更加美好。

# 大自然里的小精灵

## ——唱给蜜蜂的歌

花开花落的信息，
你捕捉得最准；
南北西东的方向，
你分辨得最清；
风雨阴晴的天气，
你都能早些时候知道；
这一切为的是：
把一生的行程，
全装进一个甜美的梦中……

你总是不想飞得很高，
可却总要飞上很远的路程；
你与生俱来地喜欢鲜花，
可却从不在那上面久停；
严明的组织纪律，
明确的社会分工，
安稳平静维系着，

昆虫界中一个偌大的家庭。

采蜜、酿蜜、做工，
是你不倦的追求，
再苦再累的时候，
也总伴着悠长的歌声。

啊，小蜜蜂啊，小蜜蜂！
歌唱你啊，
你是人类的公仆，
大自然里神奇的小精灵。
辛苦忙碌奔波，
飞出了无怨无悔的一生。
生命虽然短暂，
可却把勤劳和智慧，
酿在甜美的蜜里；
你那无言的奉献，
芬芳着你的忠诚。
犹如一支清醇的长歌，
年年岁岁，
绵延在世人的心中……

# 山菊花

一蓬山菊花，
开满东山崖。
多少年风吹雨打，
多少年山水冲刷，
你却在岩石缝中，
把根深深扎下！

山菊花啊，山菊花，
大山用贫瘠养育了
你的一品性格，
捧出那日月光华，
绽放成你的
凝重、清纯、端庄、淡雅。

山菊花啊，山菊花，
走过冬季，走过春夏，

你把深情献给大山，
也将你的名字和灵秀，
与姑娘们一起，
走进张王李赵家……

# 星星、月亮和太阳

星星陪着月亮，
一起追逐太阳。
怀着千年的仰慕，
万年的梦想，
和那永恒的思量；

星星陪着月亮，
一起追逐太阳。
绵绵的情意，
淡淡的忧伤，
化作四季雨露风霜；



星星陪着月亮，

一起追逐太阳。
天上啊人间，
人间啊天上，
一曲光明的绝唱。

# 风雨桥

月亮悄悄地爬上了山梁，
河面上倒映着吊脚楼的灯光，
晚风轻拂　山花飘香，
几处芦笙在远近悠扬。
美丽的夜色，
神秘的苗乡，
阿哥阿妹，
相恋在风雨桥上。

最美的鲜花要顶着露珠绽放，
人生最甜蜜的是那初恋的时光。
少男少女的激情，
点燃了青春的渴望，
两颗心柔情似水，
缠绵在风雨桥上。
狂风吹不散绵绵的情意，

暴雨只能带走淡淡的忧伤，
纯洁和忠诚筑就的七彩长虹，
心中的风雨桥地久天长……

# 啊，北国的雪

总喜欢长空飘舞，
纷扬着那浪漫的风采；
总是一路神秘地，
从遥远的天外飞来。
一往情深的纯洁与清白，
是高寒为你亮出；
一尘不染的梦想，
把整个世界覆盖……

啊，北国的雪！
你是晚来的秋雨，
把南国丰收的喜讯，
满满地承载；
啊，北国的雪！
你是早来的春雨，
再也按捺不住，

心中对花季的期待……

啊，北国的雪！
我赞美你，
大自然多娇的女孩。
当阳光把你紧紧拥抱，
温暖你初恋的情怀，
你的情爱在青枝绿叶中，
化作美丽和甘甜，
那时的沉醉将与花果同在……

# 槐树林

一片槐树林，
长在沙石坡。
清明时节，
桃红柳绿，
争相把春天涂抹。
你槐树林，
悄无声色，
在那里耐着寂寞。

五月，
杨柳妩媚婆娑；
百花，
争妍斗色；
当报春花凋谢的时刻，
你却在一夜间，
爆出满树花朵，

就像一片雪白的焰火!

啊,槐树林,
树木百家中的佼佼者。
你在贫瘠的土地上泌出多少甘甜,
你在干渴中成长顽强的性格。
六月,那刚刚上市的清醇的槐花蜜,
正是一首藏在你心中的歌儿!
群蜂为你推出,
世人为你评说……

# 落叶是一首歌

落叶是一首歌，
在那秋风飘洒的时刻，
唱给你，
也唱给我；

落叶是一首歌，
千姿百态，五颜六色，
唱着春的梦想，
唱着秋的思索；

落叶是一首歌，
在那告别生命的时刻，
几多悲凉　几多欢乐，
让你想得很多、很多……

# 牵　手

牵着妹妹的手，
感受一阵阵的温柔，
我们往哪里走，
才是真爱的源头？

绿茵茵的芳草地，
清粼粼的小溪流，
我们要徘徊多久，
才能找到真爱的源头？

牵着妹妹的手，
今生我们一起走，
风雨雷电后，
真爱就在我们的心灵深处……

# 情人的眼睛

情人的眼睛，
闪着星光和月影。
那种远方的诱惑，
悄悄地让你心动。

情人的眼睛，
高山流水般冲动。
百转千回，
流淌着依恋的深情。

情人的眼睛，
网住了你的心灵。
无论走到哪里，
她都将带你入梦……

# 爱情与沙漠

如果我没有记错，
你曾经对我说过：
爱情走到尽头，
就是一片沙漠。
当时我并不懂得，
以为你在骗我。

也曾走过绿茵茵的芳草地，
也曾蹚过曲曲弯弯的小河，
也曾有鸟儿唱，蝶儿飞，
也曾有五颜六色的花朵，
不知道是谁把方向搞错，
我已经走进了那片无边的沙漠。

想飞起来吧，
但缺少一双翅膀；

想往前走去，
又无法忍受那阵阵干渴。
我已不知所措，
你是否还能告诉我些什么……

# 十字路口

世上有千条万条的大路小路，
交叉着一个又一个的十字路口。
每当人们走到这里，
就到了面对选择的时候：
向左？向右？
向前？向后？
车水马龙人群，
东西南北被分流。
方向对了，
会带你到那希望的去处；
南辕北辙，
将使你走上迷路歧途……

人的一生漫漫旅途，
学习、工作、婚姻、朋友，
都需要面对选择，

就好像遇上了十字路口：
向前？向后？
向左？向右？
梦想在远方呼唤，
希望在前面招手，
机会错过了难再有，
成败也总是跟着选择走。
走好人生的每一步啊，
感悟在几度十字路口后……

# 我家门前有一条小河

一条小河，
从我家门前流过。
小时候，
她常常对我说：
我从大山走来，
一路坎坷曲折；
奔腾时，
激荡着我的一腔勇气；
平静时，
流淌出我浑身的清澈……

长大了我远离家乡，
开始了漂泊的生活。
那童年的记忆，
却一直伴随着我。
多少次在梦里见到那条小河，

还是那样欢快，
那样活泼，
对着我微笑，
为我唱歌。

当我结束一生的奔波回到家乡，
眼前的情景使我惊愕：
小河早已干涸，
什么话也不再对我说；
只有那一堆堆乱石，
在干渴中沉默。
我的泪水滴落到石头上，
心里好一阵难过，
啊，小河！
这一切到底是为什么……

# 远山（一）

远山，起伏绵延，
天地间的一道风景线。
淡蓝色的轮廓，
把多少神秘隔在山那边……

远山，起伏绵延，
看上去很近，
走起来很远，很远。

理想，色彩斑斓，
人生的一道风景线。
一面连着现实，
一面连着梦幻。

理想，色彩斑斓，
托起来容易，
落到地面很难，很难！

# 月光下的梦想

十五的月亮挂在天上，
如水的月光照进毡房。
一位姑娘在弹琴歌唱，
歌声诉说淡淡的忧伤。

牧马少年睡在她身旁，
鼾声和着歌声飘着酒香。
一缕情思在心中激荡，
轻轻拍打少年的梦想。

暴风雪夺走了他们的牛羊，
也点燃了更大的希望。
阿哥明天就要去远方，
把新的品种赶回牧场。

春天来了百花绽放，

姑娘和少年鲜花一样。
青春为梦想张开翅膀，
勤劳和智慧建设家乡。

啊，家乡富裕，草原兴旺，
家乡富裕，草原兴旺。

# 山林的秋天



我喜欢大山，
更喜欢山林的秋天。
枫叶红了，
梨树紫了，
银杏黄了，
层林尽染。
岁月泼洒出五颜六色，
铺就了多彩的画卷，
分不出秋天美化了山林，
还是山林把秋天打扮。

山林的秋天，
云霞般灿烂。
那飘飘洒洒的彩叶，
是万木献给大山的感言。
虽说悄然无声，

可确是真情一片。
假如每个孩子，
都能感恩母亲，
捧出一片深情厚爱，
世界该有多么温暖！

# 桃杏梨花三月里开

——东北民歌

三月里　桃花开，
粉红的花苞鼓起来。
想起那心中的女孩，
触摸到了你的情和爱；

三月里　杏花开，
粉白的花朵惹人爱。
想起那心中的女孩，
走进了你初恋的情怀；

三月里　梨花开，
千朵万朵一样的洁白。
想起那心中的女孩，
成熟的甜蜜需要等待！

# 男人和女人

男人和女人，
天生不能分。
相亲相爱到白头，
靠的是缘分。

男人和女人，
合起来成一棵大树。
分不清谁是枝叶，
谁是树根。

男人和女人，
风雨一舟同命运。
花开花落香犹在，
本是一家人。

# 陪你一起看月圆

月圆人未圆，
人圆月不圆，
月圆人也圆，
古今何其难。

陪你一起看月圆，
你我在身边。
天上人间一个圆，
熬尽了多少思念！

陪你一起看月圆，
多少情思，
多少心愿，
写在那月亮上面。

陪你一起看月圆，

纵有阴晴圆缺，
离合悲欢，
形影相随到永远。

# 心中的彩蝶

——献给生命旅程中的苦行者

一只美丽的彩蝶，
在我窗前不停地飞舞。
生物学家说过，
那是一种神奇的语言。
表达激情、欢乐与爱慕，
也诉说失意的忧伤和痛苦。

也曾有一只美丽的彩蝶，
栖息在我心灵深处。
双翅不停地颤抖，
仿佛倾诉它的感悟：
生命的旅程有长有短，
倘有一段精彩就不感到孤独……

# 花　季

——观第十七届圆明园荷花展

亲爱的朋友你问我，
人生最美好的时段在哪里，
我会告诉你，
当然是在那花季。

花季啊花季，
缤纷的色彩，
芬芳的气息，
还有那心醉的甜蜜。

花季啊花季，
有你的也有我的，
愿她开得更长久、更艳丽，
开在世人的心坎里。

# 婚 戒

一枚婚戒，
戴在手指间。
银光闪闪，
金光闪闪，
更有钻石的光环，
七彩灿烂。
好一处啊，
情思交织的景点！

啊，一枚婚戒，
戴在手指上。
铸就了百年的承诺，
倾诉着终身的誓言，
这小小的一环，

竟把今生的情缘，
牢牢地
锁定在两心之间……

# 白云和蓝天在说些什么

风也刮过，
雨也下过，
总想听听，
白云和蓝天在说些什么。

我依偎在你的怀里，
感受那无边的辽阔；
你守护着我，
我们唱着，
同一首恋歌。

风在弹琴，
雨在撒播，
有时也会撞击出，
雷鸣和电火；
每当激情的泪水流出，

宁静的天空，
会更加清纯，
更加平和。

白云亲吻着蓝天，
蓝天把白云，
轻轻地抚摸。
我离不开你，
你离不开我，
这是我们永久的述说。

# 远去的情人

远去的情人，
正消失在茫茫的人海中。
牵着我视线的，
依然是那熟悉的背影。
不知此时她的脸上。
是否淌着泪水，
还是浮上一丝笑容？
我已无法看清……

远去的情人，
已消失在茫茫的人海中。
可留在我心里的，
依然是那未了的旧梦。
纵然已泛出苦涩的泡沫，
前行的路也不知风雨阴晴。
但我还是在期待，
总想她会再回来……

# 七　夕

一双儿女挑在肩，
心中装满了绵绵的思念；
眼里饱含着欢乐的泪水，
却不知已流淌出多少辛酸！

啊，七夕，
美丽的七夕，
牛郎和织女，
将在鹊桥上相见。

相见时难别亦难，
一年一度的离合与悲欢。
甜，本是因为有了爱；
爱，又是偏偏与那苦根连。

七夕啊，

美丽的七夕，
牛郎和织女在一起诉说：
相爱了就不要再离散！

# 桃三杏四梨五年

桃三杏四梨五年，
开花坐果需要时间。
花为媒成就多少婚姻，
古今情缘一线牵。

冥冥之中有一条红线，
你我她各执一端。
莫负春花东流水，
花开花落又去了一年。

## 心藏真爱，未必拥有



红尘似海，
滚滚人流。
你像一只海鸥，
飞落在我的肩头。
洁白丰满的羽毛，
格外美丽温柔。
当我用心拥抱那一刻，
你却展翅飞走；
远远地飞走了，
就这样没有再回首……

朝着你远去的路，
哪怕天涯无归处，
我依然无法停留，
追寻你的脚步。
眼前是一片苍茫，

心中添了一层省悟：
虽然人们都说，
有情人终成眷属；
可我想要说的是，
心藏真爱，未必拥有……

# 新四季歌

离离的小草，你是春天的符号。
年年岁岁，一棵一棵地，
绿遍了天涯海角；

多彩的秋叶，展露出成熟的思考。
无论在哪一片土地上，
你都用激情，把生命燃烧；

夏日的轻风，一阵阵来去悄悄。
无论你从哪里吹过，
都会带走人们心中的烦躁；

冬天的雪花，纷纷扬扬，洒洒飘飘。
你用一尘不染的品格，
装点江山，如此多娇；

啊，轻风、落叶、白雪、小草，
大自然的一组情思，
把四季的歌儿，唱得惟妙惟肖。

# 梦如花　花似梦

美丽的梦如花，
娇媚的花似梦。
梦如花，
花似梦，
共牵一个爱字在心中。

一朵花，映出一份爱；
一场梦，温暖一段情。
梦如花，
花似梦，
花梦如水逝如风。

花中藏着爱情的故事，
梦里闪动恋人的身影。

梦如花，

花似梦，

相随相拥铸忠诚。

# 任往事随风飘散

人生在世苦乐相伴，
往事如雾也如烟。
几多兴衰荣辱，情仇恩怨；
多少聚散分合，快乐愁烦；
岁月流逝，变幻了苦辣酸甜。

往事如雾也如烟，
依稀可辨已是时过境迁。
任它随风飘散，淡淡走远，
留住青山，绿水常转，
就让宁静、清纯守候心田。

# 妈妈的目光

妈妈的目光，
是我生命中的太阳，
照在我幼小的身上，
温暖我健康快乐地成长；

妈妈的目光，
是我生命中的月亮，
无论阴晴圆缺，
我都在深情地把她仰望；

妈妈的目光，
是我生命中的雨露，
无论我走到哪里，
她都在播撒沉甸甸的希望；

啊，妈妈的目光，

燃烧着爱与慈祥，
给我力量催我奋进，
拼搏在人生的路上。

# 大理的叶子花

大理的叶子花，
开在洱海岸边，
苍山脚下；
开满大街小巷，
万户千家；
从春开到夏。

大理的叶子花，
粉的、红的、紫的，
成片的花朵，
轻柔如彩锦；
灿烂似云霞，
不怕风吹雨打。

大理的叶子花，
世上最美丽的花，

不是牡丹，不是玫瑰，
虽然她们已名满天下。
只要你一旦来到大理，
那你就一定会爱上她。

# 春雨淅淅沥沥地下个不停

春雨淅淅沥沥地下个不停，
敲打着姑娘的小花伞顶。
叮叮咚咚，
咚咚叮叮，
扯一缕情丝，
飘进了少女的心中。

春雨淅淅沥沥地下个不停，
敲打着姑娘的小花伞顶。
叮叮咚咚，
咚咚叮叮，
少女的心弦，
禁不住悄然颤动……

# 你的美丽　你的笑容



天上最灿烂的，
是夜空里的繁星；
雨后最美丽的，
是天边的彩虹；
你的倩影，你的歌声，
如诗如梦啊！
总让我心动。

天上的繁星，
望过去是那么遥远；
绚丽的彩虹，
会瞬间消逝无踪影；
你的美丽，你的笑容，
魂牵梦绕啊！
长留在我的心中……

# 梦断红尘

有一个梦，
在遥远的天边。
红尘中，
我们在那里相逢。

沿着天意的一条小路，
我们走进了一片花丛中。
鲜花姹紫嫣红，
吐露芬芳正浓。

一条小溪横在路上，
溪水中摇曳着岸上的花影；
路边有一棵大梨树，
浓密的花叶在风中摇动。

有一对美丽的长尾莲鸟

在梨树上跳跃、追逐、长鸣。
飘下了一朵朵雪白的梨花，
打破了这里的宁静……

我们手牵着手，正要相拥，
一声呼唤把我们惊醒。
左右顾盼时，
身边的爱人已酣睡入梦……

# 父亲的脸上有一条河

父亲的脸上有一条河，
深深浅浅，
曲曲折折；
人生的沟沟坎坎，
纵横交错。
汗水冲刷，
风霜雕刻。
刻下了一辈子的苦与累，
收藏着心中的喜怒哀乐。
啊，那是一首无言的歌！

父亲的脸上有一条河，
深深浅浅，
曲曲折折；
人生的沟沟坎坎，
纵横交错。

汗水冲刷，
风霜雕刻。
昔日的河水早已干涸，
流进了儿女的心田，
温暖着我们的生活。

# 往事悠悠

往事悠悠啊，
如烟如雾。
飘在眼前，
浮上心头。

往事悠悠啊，
汇在心酸处。
千般苦和累，
多少爱与愁。

往事悠悠啊，
酿成陈年老酒。
开怀畅饮时，
行云流水依旧。

# 小　满

农历的这一天，
小满雀儿来全。
想起故乡的童年，
这一天总在岁月中灿烂。

村外小河边，
浓密的白杨树，
连成一大片。
小满这一天，
林中的鸟儿，
比哪天都全。

牵牛鸟和树叶一样，
上下乱窜；
青头鬼尾巴，
黑白相间；

黄豆瓣浑身娇黄；
蓝靛缸飞起来，
像一道蓝色闪电；
花轿子，
红靛壳，
还有长尾莲……

大自然，
神奇的大自然。
给鸟儿们，
都穿上一件美丽的衣衫。
她们在林中，
唱着，跳着，
美妙的合声，
比天籁动人心弦。

我兜了两袋新土，
在一棵树下，
支起网夹一盘。
夹子的消器上，
拴着一只胖胖的小虫，

引来了一对长尾莲。
它们一起叨食，
网夹立刻把它们，
扣在里边。

我欣喜地扑到上面，
把这对鸟紧紧抓在手间。
这时我想起了奶奶的话：
“人为财死，鸟为食亡”。
这两只可爱的小鸟，
今天验证了这句
古老的格言。

我把它们带回家中，
奶奶信佛，
喜欢放生，
让我放了它们。
当我把它们松手时，
它们并没有飞远，
只是落在屋后的大梨树上，
望了我很长时间。

终于它们展翅飞了，
两声长鸣，
飞上青天……

童年的往事，
很多很多。
可这件事情，
总在我记忆中
那样新鲜。

我记住了奶奶说的
那句格言：
“人为财死，鸟为食亡”。
我想到了
那些贪官，
这句话谁都明白，
可为什么，
他们还要走到今天？……

# 也有这样一条小路

一条小路，
通往大山深处。
拴着小桥，
挽着溪流；
路边的野花，
吐露芬芳；
也有蜻蜓和彩蝶，
上下飞舞；
啊，小路小路，
穿过丛林，
穿过迷雾，
哪里才是你的尽头？

在我心中也有这样一条小路，
通往一位姑娘的心灵深处。
它拴着小桥，

挽着溪流；
路边也有野花吐露芬芳；
也有蜻蜓彩蝶上下飞舞；
每当走上这条小路，
在我心中就会默默地倾诉：
倾诉春的向往，
燃烧秋的爱慕，
啊，小路小路，
愿你幽长走不到尽头……

# 夕阳之恋

请你告诉我，
夕阳为什么，
有那么美丽的颜色？
啊，那是因为，
生命之火，
燃烧到了这一时刻；
一生的光和热，
在这一瞬间，
更加灿烂地闪烁融合；
我中有你，
你中有我；
难舍难分，
难分难舍。

请你告诉我，
夕阳为什么，

那么魅力无穷？
啊，那是因为
它凝聚了一生的感情；
纵然是一层层的酸甜苦辣，
可都有真爱的圣水浇灌其中。
虽然说花季有长有短，
终究是五颜六色，
异彩纷呈；
尽管它转瞬就会消失，
可那人生的品味，
将永留我们心中。

# 山有多高　水有多长



山有多高　水有多高，
山有多高　水有多长。
啊，山高水长，
大自然神奇的功力，
造化了多少名山大川，
万千气象，
让你赞叹，
令你神往。

天有多宽　地有多广，
爱有多深　情有多长。
啊，情深意长，
人世间神秘的缘分，
成就了多少婚姻；

心中梦想，
让你张开翅膀，
去追逐希望……

# 小桥与小河的对话



一座小桥，
横跨一条小河，
谁也不知道小桥和小河，
彼此在想些什么。

终于有一天，
小河开口说：
我的性格活泼，
生来喜欢探索；
我的意志，
体现在每时每刻，
奔流不息，
是我生命的赞歌。

小桥一阵沉默，
掏出了自己的心窝：

我喜欢思索，
每个人的成功有其独特。
我的成功之处，
不仅仅是起点比你高，
难得是一旦下了决心，
一辈子也不动摇。

小桥与小河的对话，
给人启示不小：
大自然孕育着很多哲理，
等待我们去发现寻找……

# 远山（二）

远山，起伏绵延，
在海的那边。
看去很远很远，
你却从未离开过母亲的视线；

远山，起伏绵延，
在海的那边。
母亲甘甜的乳汁，
把我们兄弟姐妹血脉相连；

远山，起伏绵延，
在海的那边。
波涛衔着浪花，
传递多少彼此的牵挂思念；

远山，起伏绵延，

母亲眼里的一道风景线。
你我团聚的日子为期不远，
心中的彩虹早已横贯两岸！

# 与往事干杯

与往事干杯，
酒香在记忆中飘溢。
引出几多苦辣酸甜，
送走多少愁情烦绪。
涌上心头的，
都是原汁原味。

与往事干杯，
时光只来不会回。
落日和朝阳，
一样的美丽。
我还是我，
你还是你。

与往事干杯，
是非曲直原委。

醉了的应是东西，
醒来的该是南北。
平息了恩怨情仇，
才感知人间乐趣。

# 写在暴风雨来临的时候



啊，暴雨！
你的性格，
由天注定。
来来去去，
总是那样急匆匆。
常常和电闪雷鸣结伴，
有时还与狂风同行。

啊，暴雨！
你的脾气那么暴躁。
冲毁房屋、道路；
淹没庄稼、生灵；
无论何时何地，
走到哪里，
都是一片怨声。

啊，暴雨！
多少次，
我曾向上天祈祷，
改一改你的脾气秉性，
温柔一些，舒缓轻盈，
和风细雨过后，
露出一片湛蓝湛蓝的天空……

# 桃李梨花满树开

桃李梨花满树开，
千娇百媚绣情怀。
几度花开花落时，
青春走远不回来。

桃李梨花满树开，
一枝红杏出墙外。
枝上有花才有果，
青春永随理想在。

# 假如地球上没有绿色

假如地球上没有绿色，
人类将怎样生活？
没有可吃的五谷，
没有干净的水喝，
没有清新的空气，
更没有芬芳多彩的花朵……

假如地球上没有绿色，
就不会有青翠的山峦，
也不会有奔腾的江河，
不会有湛蓝的天空，
也不会有雪白的云朵飘过，
更不会有香甜可口的瓜果……

啊，朋友，
绿色是生命之源，

绿色是人类的依托。
大家都来珍爱绿色吧，
让绿色为世界充满生机，
让绿色给人类一派蓬勃！

# 愿天下都有好心情

朝霞打扮黎明，
落日点亮群星；
鲜花托起青春梦，
大地捧出五谷丰登。
啊，红尘滚滚，
万物峥嵘，
愿天下都有好心情。

勤劳将赶走贫困，
爱心能解除病痛；
正义把邪恶掩埋，
道德净化人生。
啊，红尘滚滚，
人间暖融融，
愿天下都有好心情。

孝敬关怀父母长辈，
和谐同志、邻里、亲朋，
告别离异、孤独与烦恼，
彼此沟通多包容。
啊，美酒飘香，
举杯共祝，
愿天下都有好心情。

# 童年·舵轮·风帆

童年像一只小船，
没有舵轮，
没有风帆。
在父母的爱河中，
顺流而下，
快乐游览。

长大了才知道，
生活的海洋，
波涌浪翻。
理想紧握舵轮，
勤奋扬起风帆，
一次次搏击，
该把油加满。
开足马力，
才能奔向成功的彼岸。

# 恰似山泉水自流

昨夜春雨后，
晓看桃花红欲露，
浅绿初上柳梢头。
问君何所思，
恰似山泉水自流。

高天飘白云，
来去空悠悠，
带不走人世烦愁。
问君何所愿，
窗外伊人香如旧。

# 啊，走进北陵

啊，走进北陵，
满眼的翠柏苍松，
看不够那柳暗花明。
密林里散发出，
甜丝丝的气息；
湖面上吹过来，
湿润的晚风。
啊，北陵，
皇太极在这里百年沉睡，
沈城的人们在这里休闲养生。

啊，走进北陵，
春来万木争发，
欣欣向荣；
清晨百鸟争鸣，
合成天籁之声；

荷塘月色流连忘返；
百人冬泳热浪融冰；
秋日高照彩叶纷呈；
啊，走进北陵，
人在画中行。

啊，走进北陵，
七、八十岁的老人；
十二、三岁的儿童；
不同的年龄，
不同的身份背景；
都在这里编织着，
同一个美丽的梦；
关于健康、幸福；
关于命运；
关于人生……

啊，走进北陵，
古老的狼烟烽火，
演绎着人类的文明；
历史与现代的脚步，

在这里交汇；
人与自然的和谐，
在这里相融；
啊，走进北陵，
清醒的人会在这里沉醉；
沉醉的人将在这里清醒；

啊，走进北陵，
迎面吹来了，
努尔哈赤、皇太极卷起的，
一阵阵历史的雄风。
让你淡泊名利、净化心灵；
关注健康、珍爱生命；
啊，北陵！
犹如一颗巨大的宝珠，
镶嵌在古老的沈城，
一个生机盎然的绿色的梦！

# 当梦想成真的时候



时光似水，
岁月悠悠。
当梦想成真，
感受成功成就的时候；
荣誉与金钱，
鲜花和美酒，
为你所拥有；
还有赞美的声音，
也会在耳边回荡起伏；
让你感受欢乐，
品味幸福……



鲜花和美酒，
常常会使人沉醉；
成功与失败，
也总是在博弈交手。

无论谁胜谁输，
每次都要把你，
推到三岔路口：
一条通往成功，
一条走向失败，
一条就是庸庸碌碌。
面对新的选择，
你的脚步依然无法停留。

登上一座高峰，
才知山外还有山；
欲穷千里目，
方须更上一层楼。
世上没有一劳永逸的事情，
一切成功和成就，
都指的是到眼前这个时候。

生命之路，
总是有长有短，
唯有奋斗孜孜不倦，
永无尽头，
永无尽头……

## 把吉祥如意送给你

一盏红灯笼高高挂起，
把吉祥如意送给你。
人生路上顺风又顺水，
逢凶化吉顺天意。

满园鲜花开得好艳丽，
把吉祥如意送给你。
愿你的花期更长久，
果实熟了更甜蜜。

把吉祥如意送给你，
把吉祥如意送给你。
一路走来好运气，
如鱼得水事事都顺利。

# 往事如烟

往事如烟，
在记忆的长空中，
随风飘散。

少年时光的许多欢乐，
如今已走得很远很远，
只能依稀可辨。

青年时代有许多遗憾，
把拼搏、纷争与无奈和压抑，
一并锁在心间。



步入壮年时，
生活的鲜花和美酒，

刚刚露出了地平线。

走进晚年的日子，
才感到天高云淡，
一杯净水很甜很甜……

# 初　恋

不知为什么，
总盼着和你能遇见；
也不知为什么，
相遇总想多看你几眼。
可是相遇总在刹那间，
无法在你的眼神里，
打探那种等待的等待；
寻找那种期盼的期盼。

终于有一天，
又一次和你相遇见。
你的眼睛异样的明亮，
温柔中还带着一些浪漫。
我听到了无声的语言，
找到了等待的等待，
期盼的期盼，

一阵潮水漫过心间……

于是，我翻开了许多书卷，
查找那生活的词典，
无比的兴奋，
让我彻夜难眠。
天亮时，我终于找到了答案：
啊，这就是初恋！初恋！
人生最美妙的情感，
已真实地呈现在面前！

# 让我为你唱首歌

——写在丽娜七十岁生日

分不清是情缘，
还是天意。
二十岁那一年，
我们相遇在校园里。
少男少女相识后，
有时会萌生出，
一种朦胧的心绪。
相知在岁月中，
也常常会把感情加密。
终于有一天，
在一个五月的花季，
星光灿烂的夜晚，
我们牵手相许。
两颗心就这样，
走到了一起。

走过了风，
走过了雨，
走过了贫困，
一路总是坎坷崎岖。
唯有生儿育女的奔波忙碌，
常常让你快乐不已。
瞄准未来满含希望，
更使你信念坚定不移。

如今，已走过了半个世纪，
岁月仿佛已把你忘了，
不肯在你脸上留下，
那些沧桑的痕迹。
你的欢歌笑语，
还是那样年轻动人；
你的眼神和步履，
依然那样健美充满活力。

昨日的伤与痛，
往昔的酸楚、苦累与凄迷，
都已随风而去。

如今，在你营造的天地里，
鹰飞燕舞，
鲜花盛开，
满园桃李，
这一切，仿佛都在向你倾诉，
感恩的情意！

虽然你已步入晚年，
可在你的脸上，
夕阳和朝霞，
一样的美丽。
听，你演奏的那曲葫芦丝，
每一个音符都蹦跳出了，
你心中的激情和快乐；
每一阵悠扬都传递着，
你对幸福生活的满足和珍惜。
啊，今天在你七十岁生日，
这个美好的日子里，
让我为你唱首歌：
唱你青春的美丽；
唱你的勤劳善良，

自强不息；
唱你多彩的人生，
吉祥如意；
更祝你健康长寿，
二十年后，
你依然像一朵盛开的玫瑰，
永不凋谢，
芬芳艳丽，
无比神奇……

# 童年的岁月是一条美丽的河

童年的岁月，
是一条美丽的河。
清清的河水，
唱着悠悠的歌。
绕过高高的山岗，
穿过小小的村落；
流走了我多少梦幻，
也流走了妈妈的祝福，
爸爸的嘱托……

童年的岁月，
是一条美丽的河。
剪一片灿烂的朝霞，
铺开星光月色；
采来山花一束，
摘下祥云一朵；

连同妈妈的祝福，
爸爸的嘱托；
流啊流啊，
一起汇入大江大河，
也流进我的心窝，
永不干涸！

# 紫丁香盛开的时候

拱桥边，
水岸旁，
长着一棵紫丁香。
五月初放时，
满树繁花，
开得又旺又香。

有一位姑娘，
穿着紫色的衣裳。
朝霞刚刚升起的时候，
她在树下弹琴歌唱。

霞光与繁花百叠千重，
辉映着姑娘的面庞。
歌声婉转，
琴声悠扬，

抛一缕情思，
缠绕在我的心上……

紫丁香花儿，
散发着醉人的芬芳；
琴声和着歌声，
透出几分甜蜜和忧伤。

我的心涌起一阵惆怅，
当紫丁香花儿，
凋谢的时候，
这只可爱的小鸟，
你将飞落在
哪棵树上？

# 那一扇窗

偌大的校园里，
浓郁的林阴路旁，
有一幢红色楼房。
那是女生住宿的地方，
也是男生仰慕的天堂。

楼顶层朝南有一扇窗，
每当朝霞映在窗上，
总有一位美丽的女孩儿，
站在窗前唱歌梳妆，
歌声引渡了多少行人的目光。

多少次我走过这里，
甜美的歌声落在我身旁。
我情不自禁停下了脚步，
望着那扇窗，

和那窗前美丽的姑娘！

我在幻想中变成一只百灵鸟，
栖息在那扇窗棂上，
悄悄地看她梳妆，听她歌唱，
再和她唱一曲，
《在那遥远的地方》……

# 秋水伊人

秋风起，
秋已深，
有一位姑娘在湖边。
秋水伊人，
青春的躁动，
已随夏日的浮云飘走。
静静的湖面，
再不见昨日的迷雾风尘，
啊，可爱的姑娘，
美丽的青春，
秋水伊人。

湖面荡起微微的波纹，
映照着姑娘的眼神。
一样的清澄，
一样的深沉，

啊，可爱的姑娘，
美丽的青春，
伊人的秋水，
秋水伊人。

# 愿你心里常记着我

天上的星星太多太多，
最亮的只有一颗；
地上的人流汇成河，
牵着你思念的是哪一个？
花开花又谢，
日出日又落，
我想对你说：
愿你心里常记着我。

祥云从蓝天飘过，
镶着金边的只有一朵；
群山起伏巍峨，
不知宝藏在哪一座？
花开花又谢，
日出日又落，
我想对你说：
愿你心里常记着我。

# 窗外的雪

窗外的雪，
足足下了一天一夜。
白了山川、道路、屋宇、田野，
铺满了整个世界。

啊，窗外的雪，
你是晚来的秋雨。
刚刚唱过丰收的长曲，
你就开始了北国之旅。

啊，窗外的雪，
你是早来的春雨。
牵着小草和花季，
传递春天的信息。

啊，窗外的雪，

你的品格纯净而美丽。
用你一尘不染的身躯，
滋润着干渴的冬季。

# 回头看看

茶余饭后，
闲暇时间，
静下心来，
回头看看。

一路走来，
多少沟沟坎坎；
逆水行舟，
更有急流险滩。

回头看看，
脚步是深是浅；
迈向理想目标，
出手是快是慢。

回头看看，

为人做事，
良心是正是偏，
言行几多恶善。

回头看看，
酸甜苦辣，
仔细分辨，
感知人间冷暖。

# 初到腾冲

南国到腾冲，
山情水意浓。
一览天下绝美，
心生几多幻梦，
尽在不言中。

彩云故乡飞，
游人脚步匆。
青山常在人易老，
问君知否，
何日你我再次同行？

# 我是一只风筝

我是一只风筝，
牵在你的手中。
飞高飞低，
全凭你来操纵。

向往太阳、月亮、星星，
是在追逐光明；
晴空万里，自由飞行，
是我心中千年的美梦。

愿做一只断线的风筝，
飞向遥远的苍穹，
纵然粉身碎骨，
无怨无悔不虚此生。

# 为什么受伤的总是我

天上数不清的是星星，
地上开不败的是花朵。
请你说一说，
为什么受伤的总是我？

风也吹来过，
云也飘去过，
雨也已下过，
为什么受伤的总是我……

也曾醉过，
也曾醒过，
泪水也曾流淌过，
为什么受伤的总是我……

# 长相知才能永相随

世上有多少爱情的故事，
开卷第一篇，
都锁定在相遇的机缘。
相遇你我如闪电，
难走进那彼此的心田。

世上有多少爱情的故事，
相遇容易相知难。
推波助澜，
要靠前世一份情缘。
情缘有深有浅，
这故事才有昨天、今天、明天。

世上有多少爱情的故事，
相知相随到永远，
要靠今生一份福缘。

那是一棵小苗，
你修我剪勤浇灌，
才能大树参天，
蓬起浓阴一片。

# 平凡盛开美丽花

草根年年黄了又绿，
小溪日夜奔流不息，
群蜂采蜜飞千里，
万物在平凡中绽放美丽。

平凡盛开美丽的花，
多少天才伟大出自平常百姓家；
惊天动地原本无声息，
富贵也总是在贫困中生根发芽。

啊，平凡盛开美丽的花，
红尘滚滚到处都有她，
默默放光华，芬芳满天涯，
感悟你我，感悟天下！

# 大梨树下的情思

有一位姑娘坐在大梨树下,
梨花盛开满枝丫。
蜂儿飞来忙采蜜,
蝶儿翩翩来赏花,
姑娘痴情望远方,
山道弯弯想看啥?

去年送别在大梨树下,
阿哥离家远走闯天涯。
未见书信来,
不知他在哪。
都说城里灯红酒也绿,
难道如今他变心啦?

头顶梨花开了千万朵,
一样的洁白,

一样的芬芳；
姑娘的心里话千言万语，
一样的思念，
一样的牵挂。

姑娘站在大梨树下，
水汪汪的眼睛添泪花；
洁白的梨花引得蜂蝶来，
山道弯弯向天涯，
啊，何时才能见到他，
何时才能见到他？……

# 梦想在什么地方

我喜欢追寻梦想，
可却不知它藏在何方？
于是，我曾去问白云，
白云随风飘过。
好像在说：
揽月可上九天，
梦想会在天上；
于是，我曾去问大海，
大海波涛激荡。
好像在说：
捉鳖可下五洋，
梦想在水深处珍藏；
于是，我曾去问星星月亮，
星月熠熠光芒。
好像在说：
梦想躲在浪漫之乡；

于是，我曾去问雄鹰，
雄鹰在蓝天翱翔。
好像在说：
梦想就在你心中，
会在你身上长出一双
美丽坚实的翅膀，
任你展翅高飞，
青云直上，
啊，青云直上！

## 燕　子

春天向北，
秋天向南，
飞越万水千山，
一年一次往返。

白天，一路上，
比翼追逐；
夜晚，风雨中，
相依相恋。

千百次衔泥、筑巢、垒窝，
千百次叼草，铺垫摇篮，
为的是营造一个小小的家园，
生儿育女，孵出一窝乳燕。

为它们捕食，

起早贪黑；
欢乐中，
带着期盼。

一天天长大了，
一窝小燕羽毛丰满。
老燕带着它们，
飞上了蓝天。

小燕子翅膀硬了，
远走高飞了，
一双老燕旧巢里，
盼着它们归来。
却不知，
这是大自然的规律，
永远无法改变。

# 期　盼

期盼是一只小鸟，
在心中筑巢，
总是飞在未来的空间。

它喜欢落在，
名与利的常青树上，
不住地婉转啼叫；

它喜欢落在，
梦中的百花丛中，
与彩蝶追逐出前世情缘。

啊，朋友，
放飞你的期盼吧，

让这只快乐的小鸟，
传递你的希望，
你的梦想，
你的思念……

## 看枫叶飘零

深秋时节，
看枫叶飘零。
想昨日风情，
一树火红，
宛如你灿烂笑容；

深秋时节，
看枫叶飘零。
叹岁月匆匆，
恨秋风无情，
吹破了一个美丽的梦；

深秋时节，
看枫叶飘零。
应是笑谈人生，
如烟如雾如梦，
此乃万事皆空……

# 最后的一场雪

虽说已是春暖花开，
可夜里却又下了一场雪。
落在田野山川，
小巷大街。
啊，冬天里的最后一场雪，
走错了季节。

也许是要为四季的画卷，
做一次鲜明的剪接；
也许是用你的倩影，
做一次庄严的告别；
啊，春天里的一场雪。
分明告示着这个世界：
一半虽将花团锦簇，
一半依然如雪靓丽、纯洁……

# 几行大雁蓝天上

秋风起，
秋水凉，
南飞大雁，
列队几行蓝天上。

雁南飞，
路长长，
声声雁叫，
游子思故乡。

一缕情丝，
缠住几多惆怅；
雁叫声声，
引出泪双行！

# 难说再见



一把火烧得我喉咙发干，
泪水涌出了两汪清泉。
只因为要和你说一声再见，
我的心已是很酸很酸，

相见时难别亦难，
只因为我们有了那一份缘。
前世的、今生的、来世的，
本以为都含在这里面。

不知道我们是否还能相见，
心中的思恋牵成两股情弦。
无论彼此走得多么遥远，

美丽的琴音都会飘在你我身边。

昨天虽然已经过去，
依恋似水流淌不断。
你是否和我一样地期待，
真情的故事还会走进明天？

# 人生路上常回首

人的一生走过许多许多的路，
常常是脚步匆匆难得一回首。
当你蓦然回首的时候，
有些感悟已积淀在心头。

难得回首啊！难得回首，
脚步总是在岁月中奔走不停留。
回首再看那曾经的甜辣酸苦，
回首再看那曾经的海市蜃楼……

那时的甜已不是那样的甜，
那时的苦也已不是那样的苦；
海市蜃楼早已悄然隐去，
美丽的花儿也常开在小巷深处。

回首已不再是旧地重游，

要看明白曾经的弯路哪些不该走。
回首是清理往日心中的积淀，
捡拾起原本属于你的精神财富。

人生路上常回首啊，
品味那往事陈年飘香的美酒。
人生路上常回首啊，
几度春秋风雨烦愁后。

# 爱是什么

爱是什么？
爱是天上的一个星座。
在那遥远的地方，
望着你，
也望着我。
灿烂的星光，
真情闪烁，
那是无言的承诺；

爱是什么？
爱是大海奔腾的浪波。
从那遥远的彼岸扑来，
昼夜不舍，
装在心中的思恋，
百叠千重，
只为了把金色的沙滩，

轻轻地拥抱抚摸；

爱是什么？
爱是永恒的承诺。
在那命运的情弦上，
演绎一曲人生的长歌，
美丽的琴音，
弹出你的忧伤；
那流淌出更多的，
该是你的快乐；

爱是什么？
爱是一棵常青树。
姹紫嫣红的花朵，
结下的果实五颜六色。
哪一颗香甜，
哪一颗酸涩，
不知你该如何选择……

# 春天的浪漫

每个人都会喜欢春天，
因为她带来温暖与浪漫。
春风岁岁恋杨柳，
情依依，
几簇新绿上梢端；
春雨年年爱桃李，
为她梳洗打扮，
意绵绵，
花苞点点半露红颜。

啊，冬天里走来的春天，
春日融融，
脚步蹒跚，
带着希望，
带着爱恋，
把多少浪漫的故事，

撒向田野；

撒向山川；

撒满阳光灿烂的人间……

# 杨柳无言（一）

千百万年，
沧桑岁月，
季节变换。
杨柳无言，
可那“春到人间”的
第一声呼唤，
却总是来自它们身边。

杨柳无言，
当冬天还没有走远，
可春风便和它们悄悄早恋。
一夜低声细语，
酿一抹新绿把天下涂遍；
洒多少柔情蜜意，
一副衷肠托起红尘浪漫。

# 一只彩蝶孤单单飞

夏日的花园里，
阳光好明媚。
蔷薇、月季、波斯菊，
开得五颜六色　芬芳艳丽。

一只美丽的花蝴蝶，
孤单单地飞来又飞去。
不尝花、不采蜜、也不歇息，
看样子好像很忧郁。

彩蝶啊彩蝶，我想问问你：
亲密的伙伴去了哪里？
是雾中失散了，
还是永久地分手别离？

鸳鸯双栖蝶双飞，

快乐藏在一个“双”字里。
两心相依，流淌出柔情蜜意；
形影相随，共铸成不弃不离。

啊，一只彩蝶孤单单飞，
伤心的话儿述与谁？
花路苍茫，今日天涯孤旅，
夜来风雨，何人生死相依？

# 爱是高山　情是海

爱是高山，情是海，
让我仰慕，让我期待。
上山一路好风采，
常有云遮雾来盖；
也有悬崖与峭壁，
想要爬上去，
就该不怕摔下来。
风景绝妙何处是，
醉人鲜花四季开。

爱是高山，情是海
让我向往，让我期待，
波浪是海的誓言，
诉说永恒的忠诚；

涛声依旧，千年不改，
汇聚了千条江河，
包容成博大胸怀。
水到深处色蓝蓝，
情到深处见真爱！

# 看桃花

当北国的冰雪刚刚融化，
路边的杨柳还没冒出新芽。
是谁在那四季的第一个窗口上，
捧出了一树玲珑剔透的鲜花？
像彩锦洒满朝辉，
挽住了天上的一片云霞；
是谁在远处近处浓描淡抹，
挂上了一幅春回大地的水粉画？

啊，是你呀，是你呀！
你这小小的看桃花，
花木旺族中的一大家。
果实又小又干巴，
虽说熟了也不能吃，
可人们全不在乎它。
看那繁花开得满枝丫，

一举倾城，美意扬天下。

看桃花呀，看桃花，
妩媚婀娜，孤芳自赏，
从来不是你的追求；
志在开得火爆，齐放光华。
千万朵小花爆成一串串音符，
兄弟姐妹，吹拉弹打；
演绎一首无言的长歌，
春天来了！春天来了！

注：看桃，桃树类，果实瘦小不能食用，而花繁多且早春先放，火爆喜人。

# 牡丹泪

一夜风雨过后，
一朵凋谢的牡丹，
从花蕊里淌出，
大滴大滴的泪珠。

初放时温婉的，
芬芳与娇媚，
伴着花瓣的艳丽，
一起悄然消退。

“感时花溅泪”，
花儿也是有伤悲。
兴衰交替，生死轮回，
啊，万物生息，归去来兮！

# 天有阴晴　月有圆缺

天有阴晴，月有圆缺；
花开花落，雨住风歇；
人有生离死别。

草木枯荣，海啸山崩；
生生息息，息息生生；
大自然在兴衰中永恒。

爱情、友情与亲情，
生死轮回，萍水也相逢；
万物一统在动与静中。

## 想起了你的爱

想起了你的爱，
天那边，一朵彩云飘过来；
想起了你的爱，
深山里，一条小溪淌出来；
想起了你的爱，
山坡上，桃李争艳花正开；
想起了你的爱，
花丛中，一只彩蝶久徘徊……

啊呀呀，想起了你的爱，
天空上，几只鸿雁排成排，
声声雁叫，
捎书传信知你要回来；
想起了你的爱，
我心似大海，
山盟海誓涌起千重浪，
痴情如雪，比雪更洁白……

# 杨柳无言（二）

杨柳无言，
抖一片新绿，
拥抱春天。

杨柳无言，
绒花种子飞满天，
寻找新的家园。

杨柳无言，
看遍地新株，
生机无限。

# 让梦想扇动起翅膀

在伟大祖国的，
九百六十万平方公里土地上，
到处都是生长梦想的地方，
到处都有梦想在生长。

梦想就是一座座高山；
梦想就是一片片海洋；
梦想就是波涛滚滚的黄河；
梦想就是激流奔腾的长江……

快让梦想扇动起翅膀，
任随你我他的节奏；
沐浴着温暖的阳光，
在广阔的蓝天上飞翔！

快让梦想扇动起翅膀，

撑起昨天美丽的向往；
化作今天神奇的力量，
铸就成明天的灿烂和辉煌！

快让梦想扇动起翅膀，
创新，会在智慧中寻求超越；
敢闯，将在辛劳中百炼成钢，
远方，为你守望着幸福安康和吉祥……

# 北国的雪

北国的雪，
我崇拜你。
神奇的功力，
娇小的身躯，
竟在一夜之间，
铺满了苍茫大地。

北国的雪，
我赞美你。
高天神秘地，
孕育出了你的生命；
严寒造就了
你的纯洁和美丽。

北国的雪，
我歌唱你。

你那一尘不染的品格，
辉映出天地间的浩然正气。
把生命化成水滴，
滋润着干渴的冬季。

# 天堂——丽江



清晨，
在鸟语中醒来；
让朝霞，
把未了的梦，
染一层金色，
留在床上。

傍晚，
在花海中漫步；
伴着夕阳，
风吹来阵阵花香，
熏醉了，
明日的向往。

坐在江边的木凳上，
任雪山上淌下来的水，

清凉了你的思绪；
淡化了烦恼与忧伤，
绕过你的身边，
静静地流向远方……

啊，丽江——天堂，
天堂——丽江，
天上人间，
人间天上！

# 游滇西北海湿地

青山不见老，
江水日夜流。
红尘风雨多，
但愿人长久。

# 假如生活伤害了你

假如生活伤害了你，
一次次遭遇打击，
请不要难过，
也不必叹息。
静下心来分析分析，
原因究竟差在哪里：
错失了天时、地利、人和，
还是自己付出不够努力？
问问自己，问问自己，
这是必须要做到的。

假如生活伤害了你，
一次次遭遇打击，
请不要从此躺下不起，
更不必灰心丧气。
心明眼亮才能看准方向，

前行的路更需要勇气，
偶然成功不会太长久，
真正成功总会在失败中孕育，
九折臂终于成了良医，
风雨过后蓝天更美丽。

# 我的爱与你同在

江河和大地分不开，
白云和蓝天分不开；
日出日落，
冬去春来；
我的爱与你同在。

朝霞和黎明分不开，
彩虹和风雨分不开；
花开花落，
冬去春来；
我的爱与你同在……

# 逐梦天堂



张开彩云的翅膀，
驾上你心中的向往，
驱长风万里，
任我们逐梦天堂。

在那祥云飘落的地方，
可是神奇的梦乡？
蓝天上有一轮金色的太阳，
绿水在青山下流淌。

路旁开满鲜花，
遍地瓜果四季飘香，
生活在人们心里酿着蜜，
天籁之音在耳边悠扬。

啊，天堂逐梦，
逐梦天堂，
天堂在哪里呀？
天堂就在我们心上！

# 昨夜雨·今夜雨

昨夜下起了雨，
淅淅沥沥，时断时续。
风声雨声，如歌如泣；
沉醉了我，
也沉醉了你，
我们一起走进了，
同一个梦里。

今夜又下起了雨，
风声雨声带我去，
寻找你曾经梦中的足迹。
一阵阵的电闪雷鸣，
天公也在发脾气。
我站在屋檐下着急，
可却一直等不到你的消息。

等啊等，
等啊等，
不知你去到了哪里？
慢慢地，
慢慢地，
泪水和雨水流到了一起……

## 三味人生

人的一生百味相拥，
其中有三味当为统领：
劳动、诚实与包容，
将会照亮你生命的全程。
属于你的天空一片湛蓝，
属于你的大地五谷丰登。

唯有劳动才能创造价值，
滋润着你的衣食住行；
诚实可见心地纯净透明，
更多去收获一次次心诚则灵；
包容总是让你与人为善，
岁月里多一些浪静风平。

啊，人生百味之中，
有三味当为首领：

劳动、诚实与包容，
一定会照亮你生命全程。
心灵之花会四季常开，
生命之树将常盛常青。

# 一支来自蟋蟀王国的神曲

世上有这样一支神曲，
千百万年一直都在
深情地演绎，
从北国森林，
到南国草地；
从城中富人花园，
亭堂殿宇，
到农家低矮的茅屋里；
总有一样的声音，
一样的旋律，
飘在你的耳际，
从清晨唱到深夜，
从春天唱到冬季；

曾记得小时候，
在家里灶台边，

奶奶告诉我，
蟋蟀在唱歌，
唱的是“干柴细米”
“干柴细米”；

上学了，
在教室墙角的缝隙里，
蟋蟀在唱歌，
老师告诉我，
他们唱的是“榜上有你”
“榜上有你”；

上班后，
在工地的帐篷里，
蟋蟀在唱歌，
师傅告诉我，
他们唱的是“吉祥如意”
“吉祥如意”；

啊，世上竟有这样一支神曲，
来自蟋蟀王国里，

辽阔的音域无边无际，
美妙的旋律古老又新奇，
天籁之音，
牵出了你很多思绪；
滋生希望，让你痴迷，
原来它们唱的
就是人们心中所想要的……

# 这世界怎么了

风在点火，
大地在烧烤，
这世界怎么了？
热得不得了：
冰山在融化，
海水在升高，
人们越来越浮躁……

这世界怎么了？
人们越来越浮躁：
优美的舞姿，
已变成乱蹦乱跳；
最好听的声音，
已变成一阵阵大喊大叫；
人们竟是如此浮躁……

# 花明就在柳暗后

风悠悠，云悠悠，
千古不变水长流；
情悠悠，爱悠悠，
人生苦乐多烦愁；
不如意事常八、九。

成败来把英雄论？
春种忙着盼秋收：
种瓜能得瓜，
种豆必得豆，
劝君切莫种冤仇。

世间风水轮流转，
你我机会总该有。
将相本无种，
贫富常易手，
花明就在柳暗后。

# 果品三章（组诗）

## 葡　萄

你的花开了，
那么淡雅，细小；
你的果熟了，
却不在枝头上闪耀。

根和绿叶，
送来绵绵的情意；
沉甸甸地垂下了，
一串串成熟的思考……

当中秋的月光，
染透夜色的时候，
你把甘甜带给千家万户，
常将思念留在天涯海角。

## 山　楂

一株树，
撑起一个童话的世界。
是谁在绿叶丛中，
拴上一串串火红的玛瑙；
是谁把喜庆的灯笼，
在枝头上高挑？

啊，山楂树，
我喜欢你的神奇：
分明是酸的，
却在人们心中，
唤起甜蜜的感觉！

## 猕猴桃

你用长生的信念，
在大山深处蓬起一片绿阴；
匍匐盘旋的藤条，

把希望和追求紧紧拥抱。
像一架金色的竖琴，
演绎着一支古老的歌
——春华秋实，
因为有了你
——百果中的珍品，
大山才把荒凉和贫瘠，
悄悄地赶跑。

# 开满鲜花的牧场



一个牧民的儿子叫阿强，
童年的时光在马背上流淌。
看到草原上的牧草日渐枯黄，
少年心中生出神奇的梦想。
老师说过：知识就是力量。
中学毕业后，
他考进了畜牧学院大学堂。
立志叫草原改变模样，
跟着老师一起研究
牧草品种的改良。

听说有一种野草波斯菊，
能在贫瘠土地上疯长。
于是他四处采来了一批批种子，
播撒引种在一块块草原上……

冬去春来，
波斯菊小苗出土了，
一天天长起来，
发出了许多枝杈，
如同一棵棵小树一样，
又粗又壮。
不久，五颜六色的花也开了，
微风吹过，
就像一群群彩蝶在草原上飞翔。

秋天到了，
波斯菊结满了密匝匝的种子，
种子又小又轻，
随风自由飘扬，
远远近近地落在四周草地上。

又一个春天来了，
大片的波斯菊，
在草原上繁殖起来了，
长势很旺。
阿强采摘了一批样本，

专门做过了饲料分析，
牛羊喜欢吃，
营养成分也很理想……

年复一年地试验，
终于成功了；
一片又一片的波斯菊，
生长在草原上，
一块块开满鲜花的牧场，
给草原带来了
更加美丽的新的希望……

# 红尘颂

风声，四季的长歌，
唱出春夏秋冬；
雨声，那是云在动情，
滋润着干渴的生灵；
涛声，依旧唱着
千古不变的衷情；
雷声，天公有时发怒，
让人胆战心惊……

清晨，布谷鸟把人唤醒，
催人播种希望；
傍晚，夜莺婉转歌唱，
赞美纯真的爱情；

山林里，虎啸猿啼，
拉起一声声悲壮的长调；

树顶上，喜鹊登枝，
预示着好运相迎；

长空雁叫，
传来游子对故乡的眷恋；
蟋蟀王国的神曲，
祝福你心想事成；
千蝉合奏，
百蛙齐鸣，
祈求风调雨顺，
五谷丰登；
晨钟暮鼓，
木鱼磬声，
引天下人，
善言善行；

啊，大自然谱写出
一部偌大的乐章，
交响出风声、雨声、万物声；
千般韵律，
万种风情，

长歌演绎《红尘颂》；
红尘颂啊，红尘颂，
声声入耳，
异曲纷呈，
愿天下永久宁静、和平……

# 当我想你的时候

当我想你的时候，
君不见我，
常饮几杯相思酒？
等你等在三岔路口，
不见你归来，
泪眼模糊，望断天涯路；

当我想你的时候，
君不见我，
常饮几杯相思酒？
夜半找你在街头，
不见你身影，
几度灯火阑珊处；

当我想你的时候，
君不见我，

饮下几杯相思酒？
酒浓情更浓，
醉在梦里，
又见伊人香如旧……

# 美丽的红颜知己

天地间有男也有女，
红尘中就有我和你。
人生难得一知己，
红颜知己更难觅。

走在情感的世界里，
你我总会相遇在一起。
虽然彼此不是夫妻，
也不是相恋的情侣。

精准定位在异性知己，
守护这男女间纯洁的友谊。
生活里的酸甜苦辣，
分装在两个人的心里。

啊，美丽的红颜知己，
人世间竟是这般神奇，
沙漠中能给你一湾碧水，
也能把忧伤和痛苦酿成蜜……

# 涟漪啊，心中的涟漪

无风的湖面上，
天空中下着小雨。
雨点打在平静的水面上，
激起一圈圈的涟漪。

大大小小的涟漪，
你连着我，我连着你，
圆圆的，向四周漾起，
瞬间就已悄无踪迹……

每当想起你，心爱的姑娘，
总是让我兴奋不已。
平静的心里就会漾起
阵阵的涟漪……

涟漪啊，心中的涟漪！

美丽的情思，随你漾到她心里
但愿荡开昨日的忧伤
漾去的该是一层层的甜蜜……

# 你是否还是那样爱着我

一路风雨，
一路坎坷。
不知为什么，
却走进了爱情的沙漠……

渴望身边飘起，
一场濛濛的细雨；
渴望有一条清凉凉的小溪，
从心底流过……

可是眼前，
没有花儿，
也没有草儿，
只有烈日当头，旱风如火……

往日的誓言与承诺，

不知你是否还记得？
也不知我们能否一起走过
前面这无边的沙漠……

我想对你说，
我们最需要的是什么？
携手并肩，奋力前行，
莫负了当初的千金一诺！

啊，一诺千金，
千金一诺！
我依然是那样爱着你，
你是否还是那样爱着我？……

# 海品三章（组诗）



## 序

千里万里之外，
去看蓝蓝的大海。
不同的背景，
不同的心态，
却都怀着
同样的期待：
分享大海
给予你的那一份爱。

## 海　天

蓝蓝的天空，
碧绿的海洋，

海天一色的远方，
就是美丽的梦乡。

梦想的故乡，
在那海天相接的地方。
梦想，梦在前面
梦想，梦在远方
梦想，梦在心中
梦想，梦在天堂！……

## 听　涛

大海的涛声，
依然唱着
那首古老的歌，
昼夜不停。
歌声给你一双翅膀，
任你遨游飞翔。
揽月能上九天，

捉鳖可下五洋，

理想像珊瑚树一样，

会把岁月装扮得

灿烂辉煌。

## 逐　浪

大海的波涛，

一浪推着一浪。

涌到岸边时，

轻轻地打在你的身上。

让你感受海的抚摸，

让你感知爱的力量。

浪花洁白，

把你明日的心灵净化；

海浪执着

能抚平你昨日的苦痛忧伤。

# 古体诗三首



## 情系同窗

——为2012年同学会而作

四载华年读同窗，
而今七十话短长，
莫道岁月催人老，
最是真情看夕阳。

夕阳辉映同窗上，
温馨幸福系健康，
事业金钱终有尽，
一品人格如故香。



## 子女篇

潇生奉兮萌生锦，

晴女山海进家门。
龙飞凤舞凌云志，
为国为家育新人。

## 荷花赞
### ——观第十八届圆明园荷花展

千呼百唤浴梦中，
真情不染花几重。
藕断丝连情未了，
只缘心系莲子生。

珠莲成兮秋风劲，
老叶翩翩述衷情。
借问此行何处是，
一捧香泥助花红。

# 唱给祖母的歌（组诗）

## 序

好大一棵树，
祖母啊，祖母！
是你用常青的枝叶，
把美丽的风景留住；
是你的血液，
繁衍了我们家族；
是你无量的功德，
把我们
一代一代佑护。



## 远　嫁

一位少女十八、九，
走在秋天的乡间小路。

她来自塞北蒙古族，
肩上挎一个深蓝色包袱。
一位老人，
那是她的父亲，
在前面引路。
他们要去的地方，
是法库西小房申，
一座小村庄，
一家苏氏门户。

## 爷爷走后

祖母嫁到老苏家，
进门后的第十几个年头，
爷爷走了，
留下了孤儿寡母。
那是一个夏天，
爷爷从通辽回来路上，
遇上了大雨如注。
爷爷倔脾气，
脱掉了上身的衣服，

雨，带着一阵阵风寒，
侵袭着他的肌肤。
回到家里，
冷得发抖，
在地上笼起一堆火，
火烤着胸前背后。
于是，风寒走进了他的心腹，
不久，他走了，
那一年，爷爷刚好三十一岁，
祖母三十三岁，
伯父十一岁，
父亲八岁，
还有五岁的姑姑。
爷爷就这样走了，
留下了无尽的痛苦……

## 在贫困中艰难行走



三间草房，
薄地几亩。
祖母带着三个孩子，

在贫困中，风雨无助。
春种，秋收；
纺线，织布；
家里家外，
全靠祖母一双手。
起早贪黑，
劳作不休，
为的是养家糊口。

## 相看门户

伯父十七岁那年，
有人要给他介绍媳妇。
相看门户那天，
祖母却为他找不出
一件像样的衣服。
和邻居借了一件布衫，
家中穷到这种程度。
事情过去后，
祖母好一阵痛哭。

# 家业初兴

伯父十八岁那年，
父亲刚好十五。
这一年春天，
祖母种了二亩地棉花，
栽了一亩地土豆。

风水轮流转，
两只喜鹊筑巢在屋后。
这一年雨水很大，
涝了许多家，
也有不少人家颗粒无收。
祖母家都是山坡地，
棉花土豆长势很好，
很是让人羡慕。
土豆卖栽子很值钱了，
雪白的棉花开得又大又厚。
这一年攒下了不少钱，
冬天里，

祖母买下了好地几亩。
家业初兴，
一家人更有奔头，
日子从此一天天好起来，
翻新了一座泥土屋。
房前种菜，
房后栽果树。

父亲十八岁那年，
有机会到县城学徒。
进了一家店铺，
父亲忠实、稳重、勤勉，
老板让他当上了外柜，
薪水月月加厚。

伯父在外给人赶车，
祖母在家种地。
每年都置办一块土地，
日子过得衣食充足。
房前，院子里六畜兴旺，
房后，桃李梨杏挂满枝头……

## 施　舍

祖母从苦日子走过，
一辈子不忘施舍。
常有人进门乞讨，
常有人等米下锅。
祖母总是舀一瓢好米，
有时给他们刚出锅的
豆包、干粮、火烧；
有时也给他们一些
水果、蔬菜、灯油。
乞讨人感激她，
作揖磕头。
祖母一边看住狗，
还把他们送到大门口。



## 雪地放生

有一年冬天，
外面的大雪下得一尺厚。

田野上一片白茫茫，
鸟儿找不到一点食物。
哥哥用马尾制成几盘套子，
扫开雪地埋下套子，
撒下黄色包谷。
成群的鸟飞过来，
百灵、铁雀儿、春暖儿，
相继啄食，全被套子套住。
趁鸟儿活着解开套口，
一只只鸟儿被取出，
装在一个个笼子里，
大大小小笼子挂满屋。

祖母悄悄对我说：
快把这些鸟儿都放了，
救出一条命，
积下一份福。

我走到门口，
打开笼子，
一只只鸟儿，

扑棱棱！扑棱棱！
长叫一声，
纷纷逃走。
祖母的善良，
却让我永记心头。

## 七十五岁那年

那一年，祖母七十五岁，
腊月的一天正午。
一伙人吹着唢呐，
敲打着锣鼓；
抬着一块大匾，
黑底红字“柏舟成志”，
刻在上头。
有人手捧一枚徽章，一张证书，
一阵欢声笑语，
兴高采烈，走进了家门口。
这是经村、乡、县、省，
层层推选报到
大满洲帝国文教部。

表彰祖母年轻时失去丈夫，
坚贞纯一、矢志不渝，
孤儿寡母把家园守候；
子女孝顺，家业初兴；
户晓家喻，
厚德载物……

祖母啊！
这是你留给后人的、
万贯金钱也买不到的
道德精神财富！

## 祖母走的那天晚上

一九五六年，
我正在县城初中读书。
正月二十一那天午后，
家里捎来口信说，
祖母病重，让我回去看看。
离家二十五里路，
徒步走了三个钟头。

太阳快要下山时，
我跨进了家门口。
一屋子人，都来问候。
祖母听说我回来了，
拉着我的手，
看见她那稀疏的白发，
我已泪眼模糊……

七点多钟，上灯过后，
祖母说要坐起来，
隔着玻璃望着窗外，
一片漆黑，
看不见什么景物。
可是祖母却自言自语：
外面怎么这么多车呀。
稍后，躺下不一会儿，
祖母就悄然走了。
人们说那是在“望路”，
那些车都为的是来接她走。
这一年祖母八十七岁，
就这样，

走完了她风雨人生的
最后一步……

## 一串佛珠

祖母走后，
给我家留下
一串佛珠。
一百零八颗菩提子，
深紫色光泽，
晶莹剔透。
上面留着祖母的手印，
那是她在千百万遍地，
曾为我们一家人祈求，
平安、吉祥、幸福；

母亲精心地
把佛珠保存下来，
这是祖母留下的
最珍贵的宝物。
母亲又千百万遍地，

重复着祖母的心愿，
继续为我们一家，
祈求平安、吉祥、幸福。

一九八九年五月的一天刚过中午，
母亲走了，静悄悄地走了。
那一年她八十四岁，
修来的福，竟没有一丝的痛苦。

现在这串佛珠，
又传到了妻子的手。
为我们一家老少，
传承祖母、母亲的心愿，
她又在虔诚地守候……

## 永远的怀念



祖母离开我们，
已经五十七个年头。
可是她的一生，
她的坚贞纯一，矢志不渝，

她的善良、虔诚、勤劳、俭朴，
都给我们几代人，
留下了无价的、
平凡而伟大的
精神与道德的财富。
今天，让我们为她唱支歌，
是深深地怀念，
也是永久的守候，
传承守候……

# 闪光的祝福

带着喜庆和欢乐，
带着吉祥和幸福，
你走进了千家万户。
我喜欢你的性格，
总是那么沉静温柔，
常把心口紧紧锁住。
可是，一旦激情的火花，
把你点燃的时候，
大滴大滴的泪珠，
止不住从你心中淌出……

红烛啊，红烛！
我赞美你的品格，
那么坚定执着。
明知是在一步一步地
把生命燃烧，

可依然继续向前走；
与生俱来的是
与光明同在，
一刻也不容与黑暗为伍；
当最后一滴鲜红的泪水
流出的时候，
你在人们心中留下的，
却是一片闪光的祝福……

# 勿忘我

勿忘我——
一串深紫色的花朵，
绽放出离别时的依依不舍；
也倾诉着心中最美好的嘱托：
勿忘我啊，勿忘我！

勿忘我啊，勿忘我——
一串饱含深情厚谊的花朵，
送给你，也送给我；
依依不舍的离情，
千言万语的嘱托，
汇成一句话——
勿忘我！
纵然人在天涯，
怎能把思念阻隔……

# 风花雪月入情来

风也轻轻，
雪也皑皑。
鲜花美丽处处开，
月光幽幽洒下来。

天也有情，
地也有情。
风花雪月入情来，
洒向人间都是爱。

走进大自然，
融入你的爱。
风花雪月入情来，
感悟世界好精彩！

# 喜鹊之歌

一支大喜鹊，
飞落在树顶尖。
唱起一支歌儿，
古老又新鲜。
一字歌儿歌一字，
善善善啊善善善！
传来多少吉祥，
撒下多少期盼……

一支大喜鹊，
飞落在树顶尖。
唱着一支歌儿，
善善善啊善善善！
大自然推出的歌手，
红尘中神奇的语言。
是鸟类对人们的奉劝，

还是心灵深处的呼唤？

善善善啊善善善！
一团永不熄灭的火焰。
穿透岁月的沧桑，
飞越历史的久远。
当它把每个人的心灵点亮，
山会更青 水会更蓝，
阳光更灿烂，
人间更温暖。

# 月光下的毡房（乌兰版）

1=B 4/4

轻松. 欢快地

（乌兰托娅演唱）

苏会君 聂正罡词

富大华曲

(0 0 0 1235 | 6 - - 23 | 6·1 65 25 | 3 - - - | 6621 2321 1151 6123 |

2 - - 35 | 2·3 21 51 | 6 - - - | 6621 2321 1121 60) |: 6 6 6 123 3 - |

十五的月 亮

马背的月 光

1 1 6 5621 6 - | 2 2 2 23 1 6· | 5 5 6 5 2 3 - | 6 6 6 3 5 6 - |

神秘着天 堂 热辣辣的 目光 聚焦在毡 房 《敖包相 会》

传说着梦 乡 明闪闪的 篝火 彩绘在脸 上 《草原之 夜》

6 6 3 23212 - | 5 5 5 3 2 2 1 | 5 5 21 6 - | 6 6 6 615 6 - | 2 2 2 231 2 - |

等来了对 唱 情窦初开 不觉中 心花怒 放 害羞的姑 娘 朦胧成新 娘

3 2 3

拉长了流 星 百花争艳 就独享 一种芬 芳 心跳的小 伙 淡淡的酒 香

5 5 5 3 2 2 2 1 | 5 3 121 6 - | 6 6 6 6 615 6 - | 5 5 5 3 5621 6 - |

说不够的 悄悄话 羊绒 一 样 绿波中的摇 篮 月光下的毡 房

睡不着的 牧羊犬 撒欢 身 旁

3 6 5 123 2 | 6 6 6 6 5 3 3 - | 6 6 6 6 6 1 5 6 - | 2 2 2 2 2 1 2 - |

敞 开了草 原 宽阔的胸 膛 绿波中的 摇 篮 月光下的毡 房

3·3 1 6 5 3· | 5 3 2 1 6 - | [1. (3· 5 6 1 | 3·2 1 6 | 2·3 5 1 | 6 - - 0) :|

明 天大雁成 行 一起飞 翔

[2. 3 6 - 1 | 1 65 3 - | 3 5 - 6 | 5·6 2 1 | 6 - - - | (6 - 65 61 | 2 - - - | 03 23 21 51 |

啊……………………………

6 - - -) |: 6 6 6 6 615 6 - | 5 5 5 3 5621 6 - | 3 6 5 123 2 | 6 6 6 653 3 - |

绿波中的 摇 篮 月光下的 毡 房 敞 开了草 原 宽阔的胸 膛

6 6 6 6 6 1 5 6 - | 2 2 2 2 2 1 2 - | 3·3 1 6 5 3· | [3. 5 3 2 1 6 - :|

绿波中的 摇 篮 月光下的毡 房 明 天 大雁 成行 一起飞 翔

[4. 5 3 2 1 6 - | 6 - - - | 6 xxx 0 0 ||

一起飞 翔

# 一枚青杏

1=♭E 4/4

♩= 96 有感情地

作词：苏会君 聂正罡

作曲：富大华

66 65 6 6· | 33 35 6 - | 1 1 6 12 35 | 7 75 5 3· |
那一年我离家 进城去打工 惊动了邻居姑娘 美丽的梦
几年后我回到 家乡的时候 邻家的院子已是 人去屋空

66 65 66 53 | 36 13 2 - | 21 23 55 53 | 5 · 5 6 - |
临行前她陪我走了 一程又一程 分手时送我一枚 青杏
坐在墙头望着房前 那棵大杏树 眼里出现姑娘的 身影

66 65 6 6· | 36 13 2 - | 55 53 22 21 | 55 53 5 6 |
相对默默无语 一直看着我 看着我的是她那双 泪汪汪的眼睛
一阵微风吹来 枝叶摇动 杏儿熟了几颗红杏 在绿叶中掩映

6 - - - | 1 6 · 6 - | 6 3 · 3 - | 2 21 2 2 3 |
青杏 青杏 你满含深情从
红杏 红杏 我多想尝尝这

53 56 6 - | 1 6 · 6 - | 6 3 · 3 - | 22 233 5 5· |
花季中走来 青杏 青杏 可离成熟的甜蜜
成熟的甜蜜 姑娘 姑娘 可那青杏的酸涩

22 23 53 56 | 6 - - - |: 6 6·3 66 53 | 1 ·6 6 - |
还有一段很长的路程 姑娘啊姑娘愿你多珍重
深深地藏在我心中

1 6 16 65 | 5 · 2 3 - | 22 12 1 6· | 55 6 3 - |
明天旭日照我去远行 哪怕走遍南北 走遍西东

/-结束句-/

22 33 1 6 66 | 53 51 6 - | 2 - - 06 | 6 0 0 0 ||
只要爱在心间我们 一定会相逢 会相逢

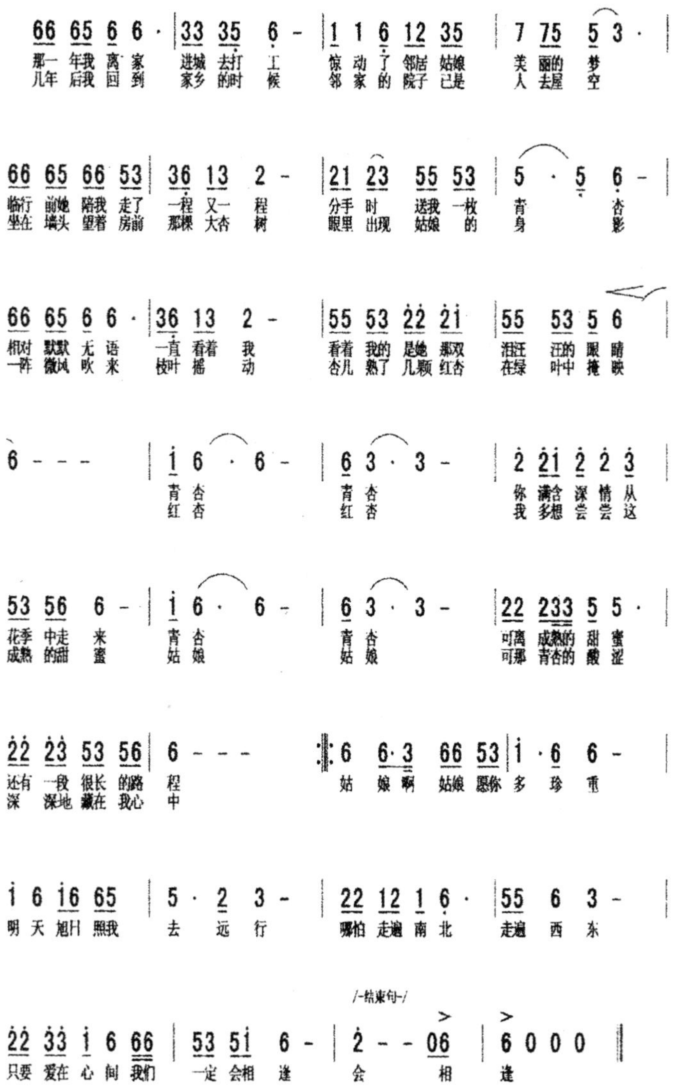

# 远山的呼唤

1=♭E 4/4
♩=74 深情 企盼地 mf

苏会君 聂正罡 词
何启安 曲

（男）
3·5 | 5 – – 3·5 | 5 – – – | 65 35 5 – | 16 32 2 – | 43 62 2 – |
远 山， 远 山， 起伏 绵延， 在海 那边， 海 那边，
0 | 0 0 0 0 | 0 0 0 0 | 0 0 0 0 | 0 0 0 0 | 0 0 0 0 |

01 2·3 53 0 | 5 3 7 6·6 | 56 53 22 6 | 522 453 – | 3 – – 0 |
好像 很远 很 远却从 未 离开过 母亲的 视线。
0 0 0 0 | 0 0 0 0 | 0 0 0 0 | 0 0 0 0 | 0 0 0 3·5 |
（女）思

0 0 0 0 | 0 0 0 0 | 0 0 0 0 | 0 0 0 0 | 0 0 0 0 |
5 – – 6·5 | 5 – – – | 65 35 5 – | 0 6 6 54 3 | 45 42 3 – |
念， 思 念， 爱在 心间， 同样 甘甜的 乳 汁，

0 0 0 0 | 0 0 0 0 | 0 0 0 0 | 0 0 0 5 f ‖: 3 – – – |
呼 唤，
2 1 2 35 53 | 7 5 3 6 – | 43 023 1 – | 1 – – 3 ‖: 5 – – – |
让我们 姐妹 兄弟 血脉 相连 血脉 相 连。

21 32 2 – | 26 75 5 – | 12 31 75 6 | 17 63 65 06 | 52 45 3 – |
海的 那边， 就在 眼前， 涛声 衔着 浪 花 传递 多少 牵挂 啊 多少 期 盼。
73 57 7 | 43 23 3 – | 0 0 0 0 | 0 0 0 0 | 0 0 0 0 |

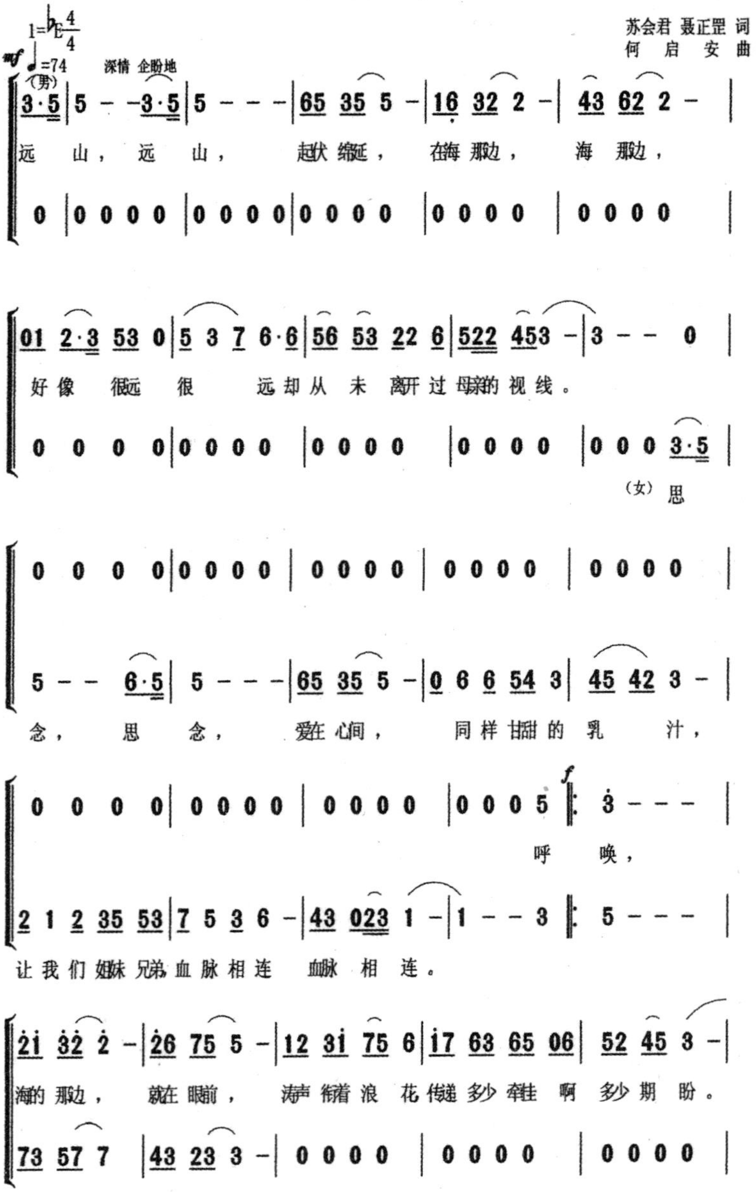

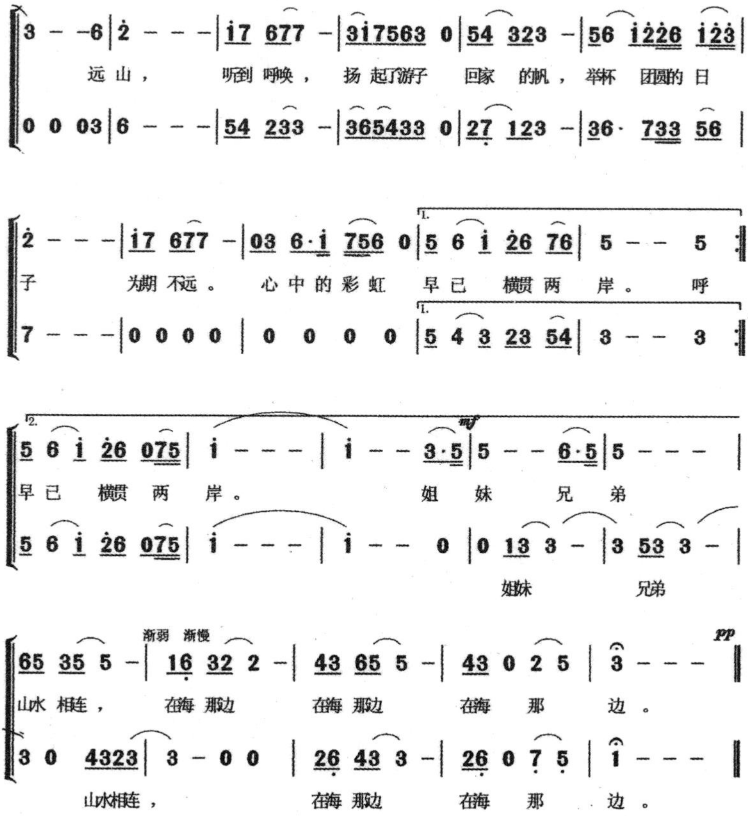

3 – –6 | 2̇ – – – | i̇7 677 – | 3i̇7563 0 | 54 323 – | 56 i̇2̇2̇6 i̇2̇3̇ |
远山，听到呼唤，扬起了游子回家的帆，举杯团圆的日

0 0 03 | 6 – – – | 54 233 – | 365433 0 | 27 123 – | 36· 733 56 |

2̇ – – – | i̇7 677 – | 03 6·i̇ 756 0 |1. 5 6 i̇ 2̇6 76 | 5 – – 5 :|
子 为期不远。心中的彩虹早已横贯两岸。呼

7 – – – | 0 0 0 0 | 0 0 0 0 |1. 5 4 3 23 54 | 3 – – 3 :|

2. 5 6 i̇ 2̇6 075 | i̇ – – – | i̇ – – 3·5 | *mf* 5 – – 6·5 | 5 – – – |
早已横贯两岸。姐妹兄弟

5 6 i̇ 2̇6 075 | i̇ – – – | i̇ – – 0 | 0 13 3 – | 3 53 3 – |
姐妹 兄弟

65 35 5 – | 渐弱 渐慢 16 32 2 – | 43 65 5 – | 43 0 2 5 | 3 – – – *pp* ‖
山水相连，在海那边 在海那边 在海那边。

3 0 4323 | 3 – 0 0 | 26 43 3 – | 26 0 7 5 | i̇ – – – ‖
山水相连，在海那边 在海那边。

# 又到七夕

1=♭E $\frac{4}{4}$

*mf* ♩=66 充满期

苏会君 聂正罡词
何启安　　曲

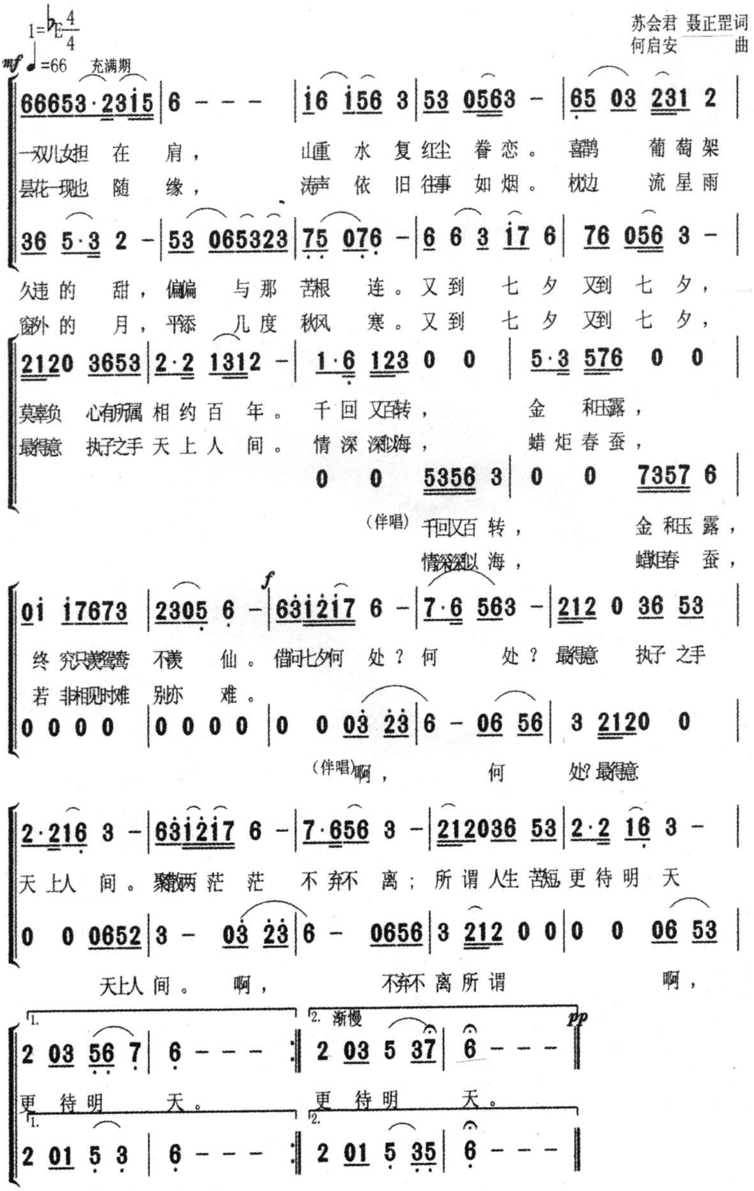

66653·2315 | 6 - - - | i6 i56 3 | 53 0563 - | 65 03 231 2 |

一双儿女担在肩，山重水复红尘眷恋。喜鹊葡萄架

昙花一现也随缘，涛声依旧往事如烟。枕边流星雨

36 5·3 2 - | 53 065323 | 75 076 - | 6 6 3 i7 6 | 76 056 3 - |

久违的甜，偏偏与那苦根连。又到七夕又到七夕，

窗外的月，平添几度秋风寒。又到七夕又到七夕，

2120 3653 | 2·2 1312 - | 1·6 123 0 0 | 5·3 576 0 0 |

莫辜负心有所属相约百年。千回又百转，金和玉露，

最得意执子之手天上人间。情深深似海，蜡炬春蚕，

0 0 5356 3 | 0 0 7357 6 |

(伴唱)千回又百转，金和玉露，

情深深似海，蜡炬春蚕，

0i i7673 | 2305 6 - | *f* 63i2i7 6 - | 7·6 563 - | 212 0 36 53 |

终究只羡鸳鸯不羡仙。借问七夕何处？何处？最得意执子之手

若非相见时难别亦难。

0 0 0 0 | 0 0 0 0 | 0 0 03 23 | 6 - 06 56 | 3 2120 0 |

(伴唱)啊，何处？最得意

2·216 3 - | 63i2i7 6 - | 7·656 3 - | 212036 53 | 2·2 16 3 - |

天上人间。聚散两茫茫不弃不离；所谓人生苦短更待明天

0 0 0652 | 3 - 03 23 | 6 - 0656 | 3 212 0 0 | 0 0 06 53 |

天上人间。啊，不弃不离所谓啊，

1. 2 03 56 7 | 6 - - - :| 2. 渐慢 2 03 5 37 | 6 - - - ‖ *pp*

更待明天。更待明天。

1. 2 01 5 3 | 6 - - - :| 2. 2 01 5 35 | 6 - - - ‖

风花雪月入情来

# 千古情人

1=F 4/4
♩=56 无限深情地

苏会君 聂正罡 词
何 启 安 曲

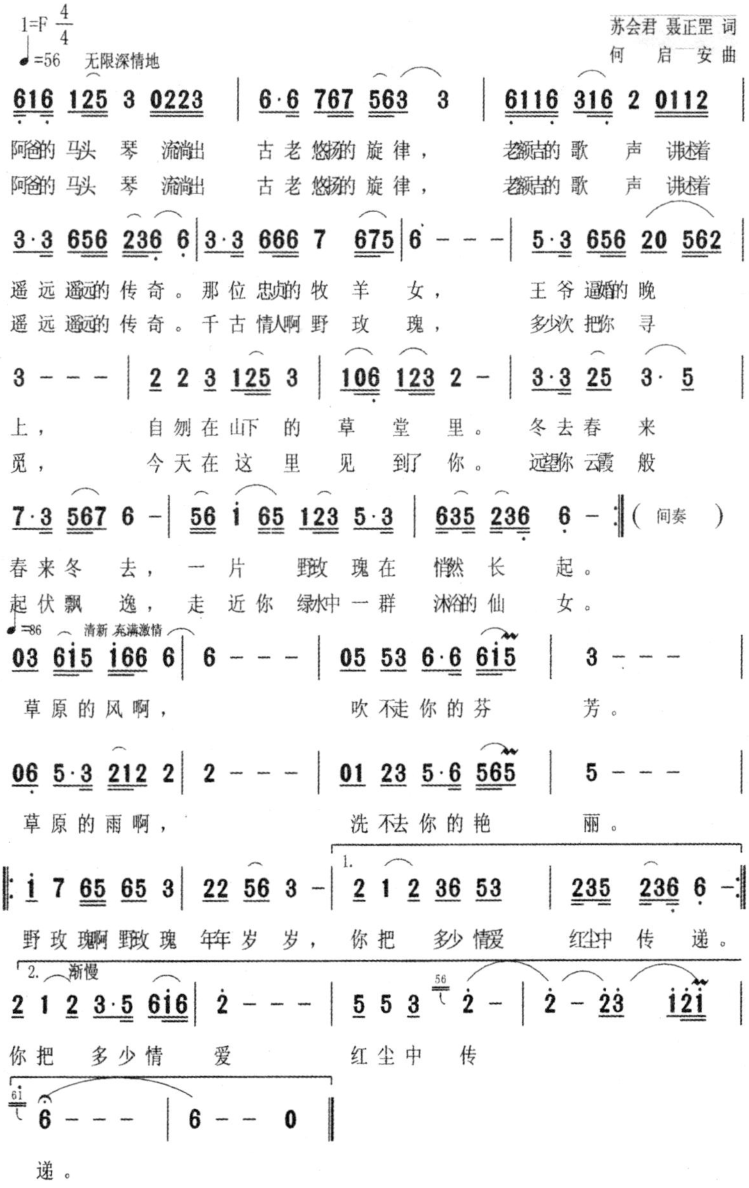

616 125 3 0223 | 6·6 767 563 3 | 6116 316 2 0112 |

阿爸的马头 琴 流淌出 古老悠扬的旋律， 老额吉的歌 声 讲述着

阿爸的马头 琴 流淌出 古老悠扬的旋律， 老额吉的歌 声 讲述着

3·3 656 236 6 | 3·3 666 7 675 | 6 - - - | 5·3 656 20 562 |

遥远遥远的传奇。那位忠贞的牧 羊 女， 王爷逼婚的晚

遥远遥远的传奇。千古情人啊野玫 瑰， 多少次把你寻

3 - - - | 2 2 3 125 3 | 106 123 2 - | 3·3 25 3· 5 |

上， 自刎在山下 的 草 堂 里。 冬去春 来

觅， 今天在这 里 见 到了 你。 远望你云霞 般

7·3 567 6 - | 56 i 65 123 5·3 | 635 236 6 - :‖ ( 间奏 )

春来冬 去， 一片 野玫 瑰在 悄然 长 起。

起伏飘 逸， 走 近你 绿水中一群 沐浴的仙 女。

♩=86 清新 充满激情

03 6i5 i66 6 | 6 - - - | 05 53 6·6 6i5 | 3 - - - |

草原的风啊， 吹不走你的芬 芳。

06 5·3 212 2 | 2 - - - | 01 23 5·6 565 | 5 - - - |

草原的雨啊， 洗不去你的艳 丽。

‖: i 7 65 65 3 | 22 56 3 - |1. 2 1 2 36 53 | 235 236 6 - :‖

野玫瑰啊野玫瑰 年年岁岁， 你把 多少情爱 红尘中 传 递。

|2. 渐慢 2 1 2 3·5 6i6 | 2 - - - | 5 5 3 2 - | 2 - 23 i2i |

你把 多少情 爱 红尘中 传

6 - - - | 6 - - 0 ‖

递。

# 故乡在北方

1=D $\frac{4}{4}$

♩=68 真情 回忆地

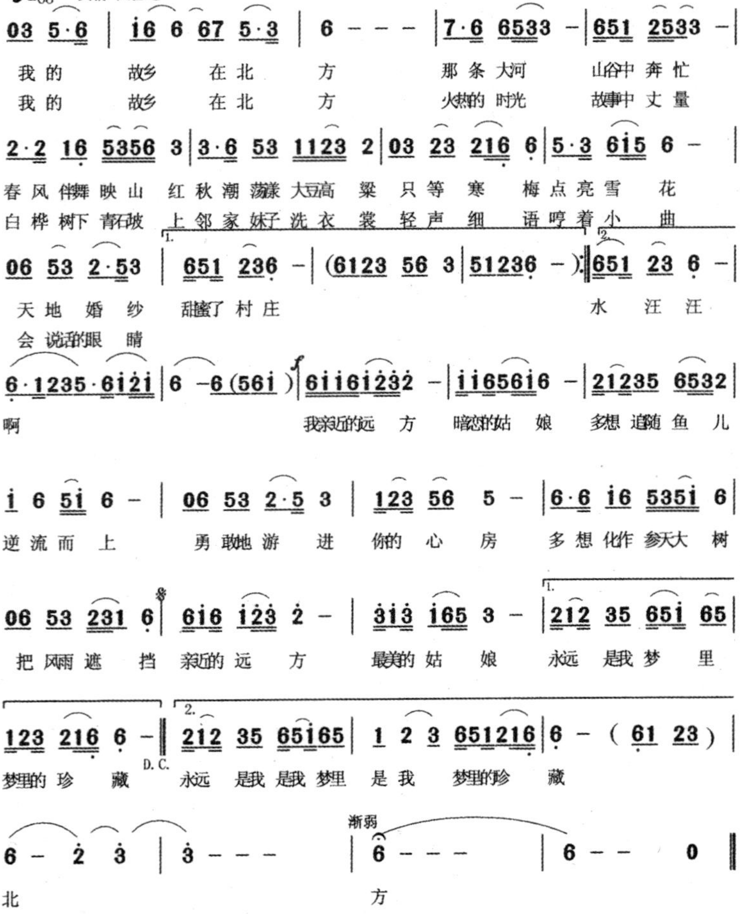

何启安曲
苏会君 聂正罡词

03 5·6 | i16 6 67 5·3 | 6 - - - | 7·6 6533 - | 651 2533 - |

我的 故乡 在北 方 那条大河 山谷中奔忙
我的 故乡 在北 方 火热的时光 故事中丈量

2·2 16 5356 3 | 3·6 53 1123 2 | 03 23 216 6 | 5·3 6i5 6 - |

春风伴舞映山 红秋潮荡漾大豆高 粱只等 寒 梅点亮雪 花
白桦树下青石坡 上邻家妹子洗衣 裳轻声细 语哼着小 曲

06 53 2·53 | 1. 651 236 - | (6123 56 3 | 51236 - ):‖ 2. 651 23 6 - |

天地婚纱 甜蜜了村庄 水 汪汪
会说话的眼 睛

6·1235·6i2i | 6 -6 (56i) | 𝄋 6ii6i232 - | ii656i6 - | 21235 6532 |

啊 我亲近的远 方 暗恋的姑 娘 多想 追随鱼 儿

i 6 5i 6 - | 06 53 2·5 3 | 123 56 5 - | 6·6 i6 535i 6 |

逆流而上 勇敢地游 进 你的 心 房 多想 化作 参天大 树

06 53 231 6 𝄋 | 6i6 i23 2 - | 3i3 i65 3 - | 1. 212 35 65i 65 |

把风雨遮 挡 亲近的远 方 最美的姑 娘 永远 是我 梦 里

123 216 6 - ‖ D.C. | 2. 212 35 65i65 | 1 2 3 651216 | 6 - ( 61 23 ) |

梦里的珍 藏 永远 是我 是我 梦里 是 我 梦里的珍 藏

6 - 2 3 | 3 - - - | 渐弱 6 - - - | 6 - - 0 ‖

北 方

# 牵手

1=E 4/4

作词：苏会君
作曲：富大华

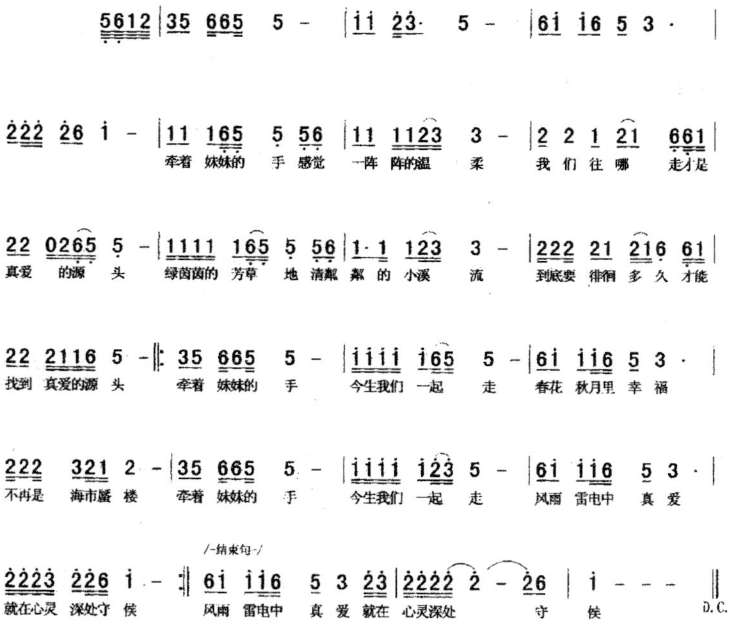

5612 | 35 665 5 - | 11 23· 5 - | 61 16 5 3· |

222 26 1 - | 11 165 5 56 | 11 1123 3 - | 2 2 1 21 661 |
牵着 妹妹的 手 感觉 一阵 阵的温 柔 我 们 往 哪 走才是

22 0265 5 - | 1111 165 5 56 | 1·1 123 3 - | 222 21 216 61 |
真爱 的源 头 绿茵茵的 芳草 地 清粼 粼 的 小溪 流 到底要 徘徊 多 久 才能

22 2116 5 - |: 35 665 5 - | 1111 165 5 - | 61 116 5 3· |
找到 真爱的源 头 牵着 妹妹的 手 今生我们 一起 走 春花 秋月里 幸 福

222 321 2 - | 35 665 5 - | 1111 123 5 - | 61 116 5 3· |
不再是 海市蜃 楼 牵着 妹妹的 手 今生我们 一起 走 风雨 雷电中 真 爱

/-结束句-/

2223 226 1 - :| 61 116 5 3 23 | 2222 2 - 26 | 1 - - - ‖
就在心灵 深处守 侯 风雨 雷电中 真 爱 就在 心灵深处 守 侯

D.C.

风花雪月入情来

# 任往事随风飘散

1=F $\frac{4}{4}$

♩=74 深情 诉说

苏会君 词
何启安 曲

11 65 3 6 3 | 5 - - - | 61 65 6 5 3 | 2 - - - |

人生在世苦乐相　伴，　　往事如雾如　　烟。
往事如雾如　　烟，　　依稀可辨时过境　迁。

3 2 3 56 53 | 2 3 7 6 - | 56 1·2 353 0 | 2 3 6 1 - |

几多　兴衰荣辱　情仇恩　怨，　多少聚散分合　快乐愁　烦。
任它　随风飘散　淡淡走　远，　留住青山绿水　常　　转。

53 7·5 6 - | 5 6 3 56 3 | 23 56 5 - | 5 6 3 56 3 |

岁月流　逝　变换了变换　了　苦辣酸　甜，　变换了变换　了
就让宁静清纯　守候　守　候　心　　田，　守候　守　候

56 21 1 - :‖ 结束句 渐慢 5 6 1 2· 56 | 1 - - - | 1 0 0 0 ‖

苦辣酸甜。　　守候　心　　田。
守候心田

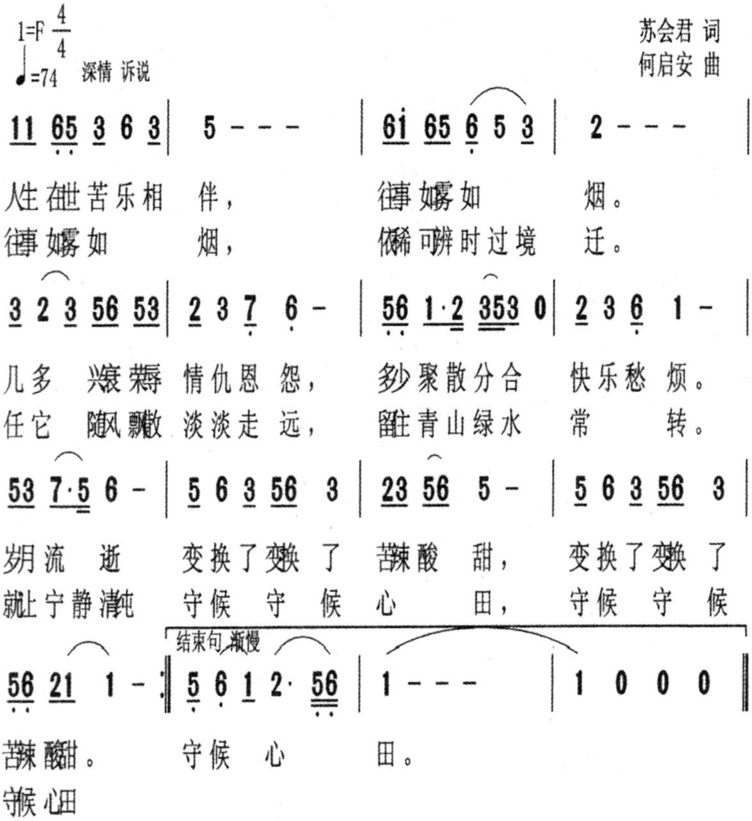

# 任往事随风飘散

1=F 4/4
♩=74 深情 诉说

苏会君 词
何启安 曲

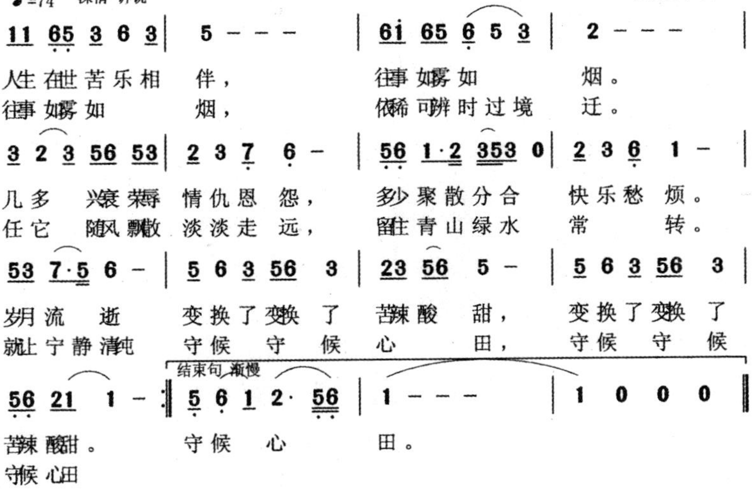

# 夕阳恋曲

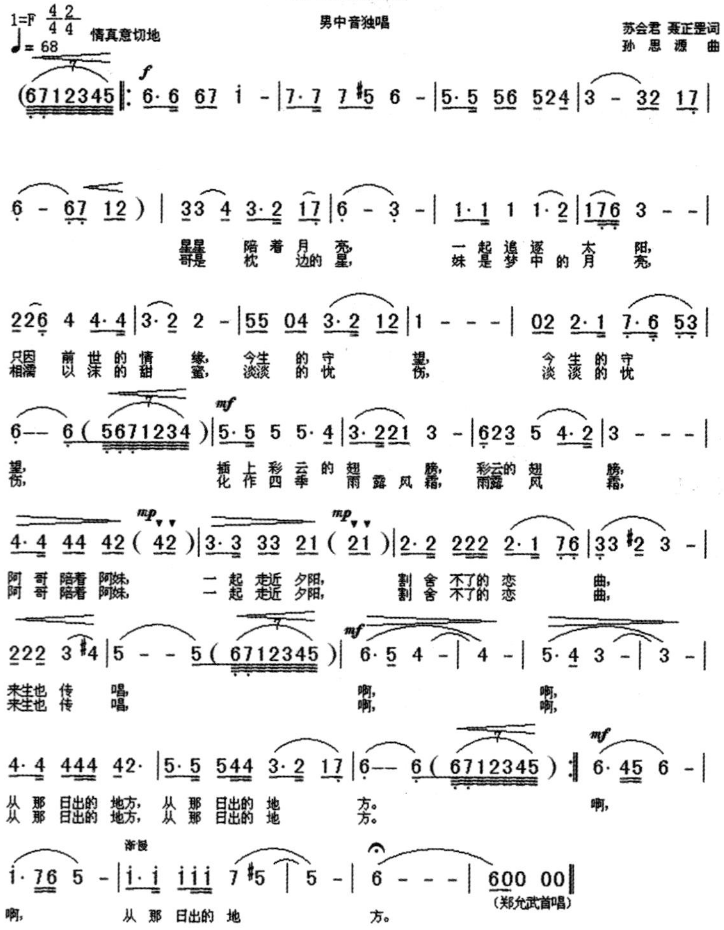

男中音独唱

苏会君 聂正墨词
孙思源曲

1=F $\frac{4}{4}$ $\frac{2}{4}$ ♩= 68 情真意切地

星星陪着月亮，一起追逐太阳，
哥是枕边的星，妹是梦中的月亮，

只因前世的情缘，今生的守望，今生的守
相濡以沫的甜蜜，淡淡的忧伤，淡淡的忧

望，插上彩云的翅膀，彩云的翅膀，
伤，化作四季雨露风霜，雨露风霜，

阿哥陪着阿妹，一起走近夕阳，割舍不了的恋曲，
阿哥陪着阿妹，一起走近夕阳，割舍不了的恋曲，

来生也传唱，啊，啊，
来生也传唱，啊，啊，

从那日出的地方，从那日出的地方。啊，
从那日出的地方，从那日出的地方。

渐慢

啊，从那日出的地方。

（郑允武首唱）

# 荷花赞

——观第十八届圆明园荷花展

苦会君 词
何启安 曲

1=♭E 4/4

♩=72 清新 赞美地

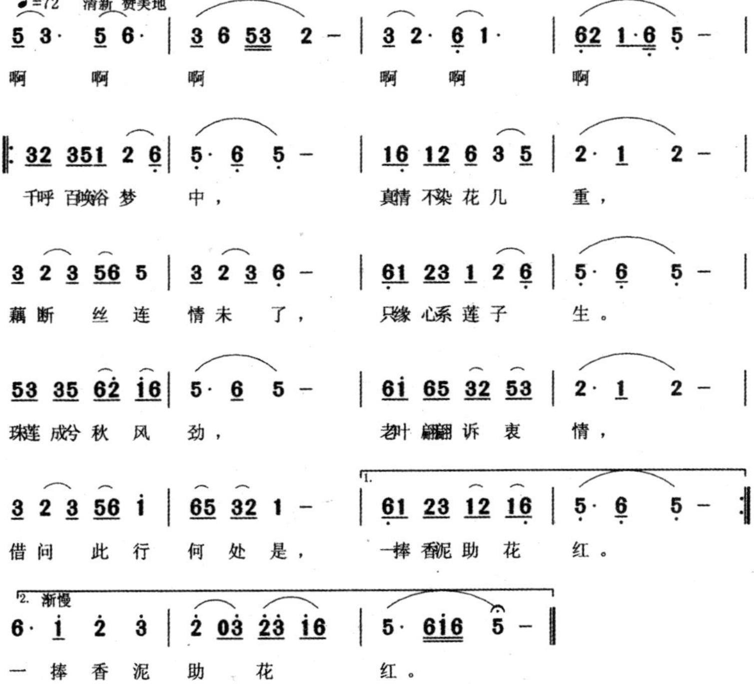

5 3· 5 6· | 3 6 53 2 – | 3 2· 6 1· | 62 1·6 5 – |

啊 啊 啊 啊 啊 啊

|: 32 351 2 6 | 5· 6 5 – | 16 12 6 3 5 | 2· 1 2 – |

千呼 百唤浴 梦 中， 真情 不染 花 儿 重，

3 2 3 56 5 | 3 2 3 6 – | 61 23 1 2 6 | 5· 6 5 – |

藕 断 丝 连 情 未 了， 只缘 心系 莲 子 生。

53 35 62 16 | 5· 6 5 – | 61 65 32 53 | 2· 1 2 – |

珠莲 成兮 秋 风 劲， 老叶 翩翩 诉 衷 情，

3 2 3 56 1 | 65 32 1 – | [1. 61 23 12 16 | 5· 6 5 – :|

借 问 此 行 何 处 是， 一捧 香泥 助 花 红。

[2. 渐慢 6· 1 2 3 | 2 03 23 16 | 5· 616 5 – ||

一 捧 香 泥 助 花 红。

# 草原上的野玫瑰

1=♭E 3/4

作词：苏会军聂正罡
作曲：富大华

♩=108　深情地

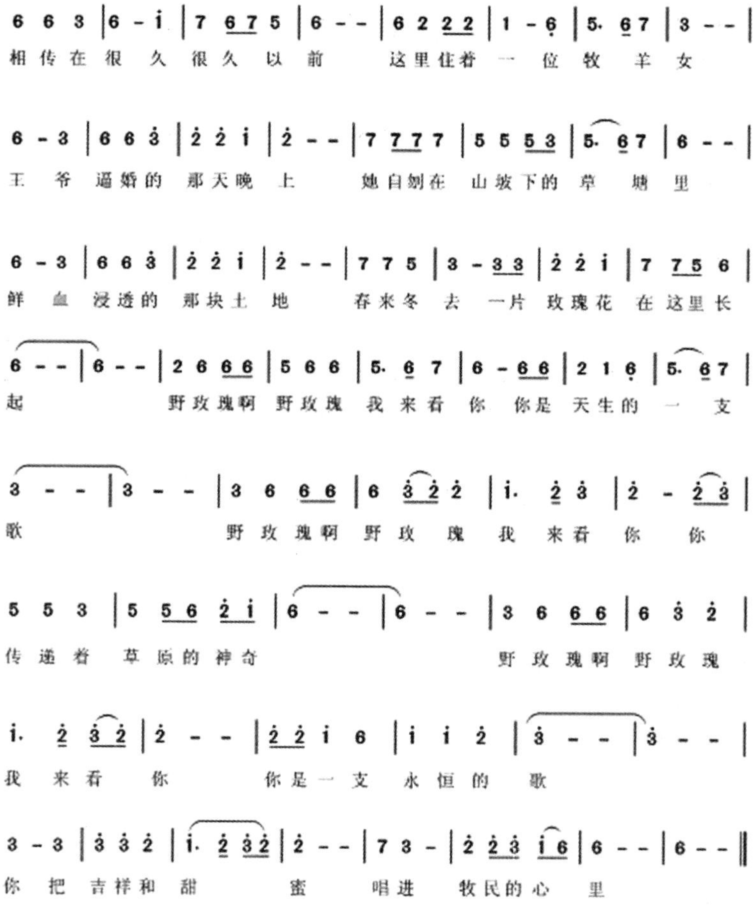

6 6 3 | 6 - 1 | 7 6 7 5 | 6 - - | 6 2 2 2 | 1 - 6 | 5. 6 7 | 3 - - |
相传在很久很久以前　这里住着一位牧羊女

6 - 3 | 6 6 3 | 2 2 1 | 2 - - | 7 7 7 7 | 5 5 5 3 | 5. 6 7 | 6 - - |
王爷逼婚的那天晚上　她自刎在山坡下的草塘里

6 - 3 | 6 6 3 | 2 2 1 | 2 - - | 7 7 5 | 3 - 3 3 | 2 2 1 | 7 7 5 6 |
鲜血浸透的那块土地　春来冬去一片玫瑰花在这里长

6 - - | 6 - - | 2 6 6 6 | 5 6 6 | 5. 6 7 | 6 - 6 6 | 2 1 6 | 5. 6 7 |
起　野玫瑰啊野玫瑰我来看你　你是天生的一支

3 - - | 3 - - | 3 6 6 6 | 6 3 2 2 | 1. 2 3 | 2 - 2 3 |
歌　野玫瑰啊野玫瑰我来看你　你

5 5 3 | 5 5 6 2 1 | 6 - - | 6 - - | 3 6 6 6 | 6 3 2 |
传递着草原的神奇　野玫瑰啊野玫瑰

1. 2 3 2 | 2 - - | 2 2 1 6 | 1 1 2 | 3 - - | 3 - - |
我来看你　你是一支永恒的歌

3 - 3 | 3 3 2 | 1. 2 3 2 | 2 - - | 7 3 - | 2 2 3 1 6 | 6 - - | 6 - - ‖
你把吉祥和甜　蜜　唱进　牧民的心　里

**图书在版编目（CIP）数据**

风花雪月入情来 / 苏会君 著. -- 北京 ：作家出版社，2013. 12

ISBN 978-7-5063-7240-4

Ⅰ. ①风… Ⅱ. ①苏… Ⅲ. ①诗集 - 中国 - 当代
Ⅳ. ①I227

中国版本图书馆CIP数据核字（2013）第301468号

**风花雪月入情来**

**作　　者：**苏会君
**责任编辑：**佳　丽
**装帧设计：**张晓光
**出版发行：**作家出版社
**社　　址：**北京农展馆南里10号　　**邮　　编：**100125
**电话传真：**86-10-65930756（出版发行部）
86-10-65004079（总编室）
86-10-65015116（邮购部）
**E-mail:zuojia@zuojia.net.cn**
**http://www.haozuojia.com**（作家在线）
**印　　刷：**三河市紫恒印装有限公司
**成品尺寸：**152×230
**印　　张：**16.25
**版　　次：**2014年1月第1版
**印　　次：**2014年1月第1次印刷
ISBN 978-7-5063-7240-4
**定　　价：**40.00元